구입 문의 1577-3537
www.niefather.com

초등학생 영역별 필독서 36권 선정(1~3호)
책마다 전체 내용 요약 지문과 심층 질문 7개씩 제시

(주)이태중NE논술연구소

토론 논술 감상문까지 OK!

초등학생 문해독서 중급 1호

행복한 논술 편집부 엮음

- 지리산을 살리러 돌아온 동물은?
- 씨앗이 있어야 우리가 살아요
- 착한 소비가 뭐예요?
- 놀면서 배우는 세계 축제 ①
- 고흐 : 마음을 담은 그림 편지
- 내가 나라를 만든다면?
- 한밤중 달빛 식당
- 옹고집전
- 딴지 가족
- 화요일의 두꺼비
- 어린이를 위한 바보 빅터
- 15소년 표류기

독서를 지도하시는 분
심층 독서가 필요한 학생을 위한 책!

　잎싹은 닭장에 갇힌 채 병아리가 될 수 없는 무정란만 낳다가 죽을 운명이다. 그런 잎싹이 알을 품어 병아리를 갖고 싶은 꿈을 꾼다. 꿈을 이루려면 닭장을 나와 수탉과 함께 지내야 한다. 주어진 상황만 놓고 보면 이룰 수 없는 꿈이다. 『마당을 나온 암탉』(황선미 지음, 사계절 펴냄)의 줄거리다.

　잎싹은 주인이 주는 먹이를 배불리 먹고 알만 많이 낳으면 된다. 그런데 왜 불가능한 꿈을 꿨을까. 대다수는 주어진 삶에 안주하고 도전하기를 꺼린다. 잎싹의 이러한 모습은 아무런 꿈도 없이 사는 사람들에게 자기 점검의 기회가 된다. 『문해독서』는 '지은이가 왜 주인이 주는 먹이를 배부르게 먹고 알만 낳으면 되는 잎싹에게, 알을 품고 새끼를 키우는 불가능한 꿈을 꾸게 만들었나?'를 묻는다. 도전의 중요성을 일깨우기 위한 질문이다. 불가능을 가능하게 만드는 것이 도전의 힘이다. 인류에게 도전 정신이 없었다면 비행기나 자동차는 지금도 나오지 못했을 것이다. 문제는 도전해서 꿈을 이루는 과정이 험난하다는 데 있다. 꿈을 꾸고 도전하면 온 우주가 돕는다는 말이 있다. 잎싹은 우여곡절 끝에 닭장을 나오는 데까지는 성공한다.

　잎싹이 볼 때 이상향이던 마당은 레드오션이다. 마당의 식구들이 잎싹을 받아 주지 않고 냉대한 까닭을 『문해독서』가 물은 이유가 여기에 있다. 꿈을 이루기까지는 현실의 진입 장벽이 너무 높아 좌절이 크다는 사실을 보여 주려는 질문이다. 어느 사회나 기득권층이 있다. 신참자가 등장하면 여지없이 경쟁 의식과 차별을 두려는 특권 의식이 작동한다. 기득권층처럼 지키려고만 들면 문화나 경제 모두 지체 현상이 벌어진다. 『문해독서』는 이러한 사실을 알리기 위해 마당에서 누리는 사람들처럼 자기가 이룰 수 있는 꿈만 꾼다면 사회에 어떤 영향을 미칠지 물어본다.

　잎싹은 진입 장벽에 가로막혀 결국 새로운 세상을 개척해야 한다. 아무도 가지 않은 길이어서 이정표도 없고 나침판도 없다. 한 발자국만 잘못 옮겨도 낭떠러지다. 안전한 마당을 떠난 잎싹은, 다른 동물들에게 따돌림을 당하고 족제비에게는 생명의 위협까지 받는다. 그래도 잎싹에게는 자기 꿈대로 살 수 있는 행복이 있다. 『문해독서』는 다시 '닭장에서 사는 암탉', '마당에서 사는 암탉', '마당을 떠난 암탉' 가운데 나라면 어떤 닭이 되어 살고 싶은지 질문한다.

　잎싹은 마침내 알을 품어 새 생명을 탄생시키는 꿈을 실현한다. 하지만 스스로 낳은 게 아니라 주인을 잃은 청둥오리의 알이다. 잎싹은 집도 없이 떠돌면서 아기 오리 초록머리를 정성껏 돌봐 멋진 청둥오리로 성장시킨다. 나중에는 초록머리를 야생 청둥오리 무리에게 떠나보낸다. 그 뒤 늙고 지친 잎싹은 족제비에게 잡아먹히고 도전은 끝난다.

잎싹은 꿈을 이룬 것일까. 자신의 꿈을 원래의 설계대로 실현시키는 사람은 드물다. 삶은 정해진 운명대로 가는 것이 아니기 때문이다. 『문해독서』는 그 즈음에 '잎싹은 꿈을 이뤘다'는 주제로 찬반 토론을 하도록 제시한다. 토론을 하면서 삶이란 목표를 이루기 위해 도전하는 과정의 연속이며, 결과가 어떠하든 존중을 받아야 한다는 사실을 깨닫도록 하기 위함이다.

잎싹이 초록머리를 청둥오리 무리에게 떠나보냈는데, 초록머리를 보낸 선택이 옳은지 자기 의견을 밝히는 문제도 낸다. 잎싹에게 목숨을 건 도전을 통해 남은 결과물은 초록머리뿐이다. 그런데도 미련 없이 되돌려 준다. 돈이든 지식재산이든 삶에서 얻은 결과물은 마지막까지 소유하고 싶은 욕망을 놓지 못하는 것이 사람의 마음이다. 기득권층이 마당을 끝까지 사수하려고 드는 이유다. 따라서 지속 가능한 삶을 위해 미래 세대에 대한 책임 의식을 심어 주기 위한 『문해독서』의 물음인 것이다.

『문해독서』는 결론적으로 '저학년 때는 꿈이 백만 개나 되는데, 고학년이 되면서 한 반에서 셋 중 한 명은 꿈이 없다'는 내용의 신문 기사를 제시한다. 그리고 '어른이 되면 가지고 싶은 직업 또는 이루고 싶은 꿈을 한 가지만 구체적으로 정한 뒤, 지금 어떤 노력을 기울여야 이룰 수 있을지 자신을 점검하라.'고 질문을 맺는다.

『마당을 나온 암탉』은 꿈이 없는 시대를 사는 어린이들에게 가장 소중한 꿈과 도전, 미래 세대에 대한 책임 의식을 불러일으키려고 다뤘다. 『문해독서』가 선정한 책들은 이처럼 신문 기사와 접목해 현실에 바탕을 두고 치밀하면서도 융합적 시각으로 접근했기 때문에 독서 토론의 새로운 이정표가 될 수 있다. 예를 들어 『흥부전』에서는 노동이 없는 소득에 세금을 많이 부과해야 하는 까닭, 흥부의 다자녀 정신과 노블레스 오블리주 정신이 현대에 필요한 이유, 박을 한 번 타고 그쳤으면 나왔을 텐데 마지막 박까지 타서 목숨을 잃을 위기에 빠진 놀부의 투기 심리와 카지노 폐인을 연계한 문제까지 철저하게 경제적 시각에서 조명한다. 각 호에 들어 있는 12권의 책을 이처럼 융합적 방식으로 읽으면 고전을 통해 세상을 보는 지혜의 눈이 뜨일 것이다.

『문해독서』는 초등학생용 시사논술 월간지 '행복한 논술'이 10년 넘게 개발한 신개념 독서 프로그램이다. 이들 책에는 4차 산업혁명 시대의 초등학생이라면 갖춰야 할 다양한 영역의 배경 지식과 지혜가 담겨 있다. 선정한 책마다 독서의 방향성과 지식의 확장성을 뒷받침할 수 있는 전체 내용 요약 지문과 급별로 7~8개의 심층 질문을 제시한다. 마지막 심층 질문은 시사와 연계해 토론과 논술이 가능하도록 해서, 융합적 사고력과 문제 해결 능력을 키울 수 있다. 한 권의 책을 읽어도 뚫어지게 읽으면서 평생의 자양분으로 삼으면 좋겠다.

행복한 논술 편집부

차례 보기

과학　01　『용선생의 시끌벅적 과학교실 1 생태계 지리산을 살리러 돌아온 동물은?』　7
　　　　　생태계가 균형을 이뤄야 하는 까닭

　　　　02　『씨앗이 있어야 우리가 살아요』　17
　　　　　식량 주권과 환경을 지키는 토종 씨앗

경제　03　『어린이가 꼭 알아야 할 윤리적 소비 착한 소비가 뭐예요?』　27
　　　　　착한 소비자가 되는 길

문화　04　『놀면서 배우는 세계 축제 ①』　37
　　　　　축제는 제사 의식에서 시작되었어요

　　　　05　『고흐 마음을 담은 그림 편지』　47
　　　　　자신만의 그림 그려 후세에 우뚝 서다

기타　06　『내가 나라를 만든다면?』　57
　　　　　국민이 살기 좋은 나라는 어떤 모습일까

국내 문학	07 『한밤중 달빛 식당』 나쁜 기억을 모두 없애면 행복할까	67
	08 『옹고집전』 마음이 부유해야 참된 부자	77
	09 『딴지 가족』 '딴지 가족' 모두를 위해 딴죽을 걸다	87
세계 문학	10 『화요일의 두꺼비』 마음 터놓으면 누구라도 친구 될 수 있다	97
	11 『어린이를 위한 바보 빅터』 편견 때문에 17년 동안 바보라고 생각한 천재	107
	12 『15소년 표류기』 협력과 협동의 힘으로 평화를 얻다	117

답안과 풀이   127

☞ 지침서는 행복한 논술 홈페이지(www.niefather.com) 자료실에서 내려받으실 수 있습니다.

01 과학 | 생태계가 균형을 이뤄야 하는 까닭

『용선생의 시끌벅적 과학교실 1 생태계
지리산을 살리러 돌아온 동물은?』

이현진 외 지음, 사회평론 펴냄 120쪽

 줄거리

생태계가 균형을 이뤄야 하는 이유를 알려 줍니다. 생산자인 식물과 소비자인 동물, 분해자인 세균과 곰팡이가 서로 돕고 사는 관계라고 설명합니다. 생산자와 소비자, 분해자가 있으면 작은 어항에서도 생물이 생태계를 이뤄서 살 수 있습니다. 지리산 생태계의 균형을 맞추기 위해 어느 정도 기른 반달가슴곰을 풀어 놓았다는 사실을 소개하고, 반달가슴곰이 건강한 숲을 만드는 데 어떤 도움을 주는지도 말해 줍니다. 골칫덩어리였던 황소개구리가 우리나라의 생태계에 어떻게 적응했는지도 설명합니다.

본문 맛보기

식물은 스스로 양분을 만들어 사는 생산자

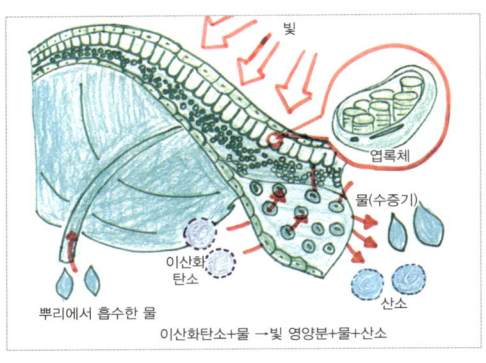
▲광합성은 잎과 줄기의 엽록체에서 일어난다.

(가)식물은 빛과 물, 이산화탄소를 흡수해 엽록체에서 영양분을 만들어 내요. 이러한 작용을 광합성이라고 해요. 식물이 광합성으로 영양분을 만들면 산소와 물도 생겨요. 식물은 산소와 물을 밖으로 내보내지요. 그래서 식물이 있는 곳에는 산소가 풍부하고 습도도 적당합니다. 식물처럼 영양분을 스스로 만드는 생물을 '생산자'라고 불러요. 강과 바다에서는 식물 플랑크톤이 대표적인 생산자예요. 식물 플랑크톤은 현미경으로 봐야 보일 만큼 크기가 작지만, 수많은 물속 생물의 먹이가 됩니다. (13~17쪽)

생태계 안에서는 서로 '먹이 관계' 이루며 살아가

▲달팽이의 수가 늘면 먹이가 되는 식물의 수는 줄어든다.

(나)동물은 필요한 영양분을 스스로 만들지 못해서 다른 생물을 먹어 보충하지요. 다른 생물을 잡아먹어 영양분을 얻는 생물을 '소비자'라고 해요. 치킨을 먹는 사람도 소비자이고, 식물 같은 생산자를 먹는 초식 동물도 소비자랍니다. 소비자와 생산자는 생태계 안에서 서로 영향을 주고받으며 삽니다. 달팽이를 예로 들어 볼게요. 달팽이 수가 늘면 식물의 수가 줄고, 식물의 수가 늘면 달팽이 수가 늘어나지요. 이렇게 생물끼리 먹고 먹히는 관계를 '먹이 관계'라고 해요. (28~41쪽)

이런 뜻이에요

엽록체 식물 잎의 세포 안에 있는 원형(또는 타원형)의 작은 구조물. 엽록소가 들어 있어서 녹색을 띤다.
식물 플랑크톤 물속에서 식물처럼 광합성을 해서 사는 조류. 물속 생물의 먹이가 된다.

본문 맛보기

곰팡이 등 분해자는 생물체 분해해 양분 만들어

(다)분해자는 생물의 배설물과 생물의 껍질이나 털, 죽은 생물을 작게 분해하는 생물을 말해요. 세균과 곰팡이가 대표적인 분해자예요. 분해자가 생물의 배설물이나 죽은 생물을 분해하면 다른 생물이 흡수할 수 있는 무기 양분이 나와요. 식물과 같은 생산자는 무기 양분을 흡수하고, 광합성으로 영양분을 만들어 살아요. 하지만 춥고 건조한 지역에서는 분해자를 보기 어렵고, 있다 해도 분해 활동이 아주 느립니다. 얼음 속에서 발견된 4만 년이나 된 매머드가 피부와 털을 유지한 까닭도 그곳에 분해자가 적었기 때문이죠. (48~53쪽)

▲나무는 동물의 배설물인 무기 양분을 흡수해서 열매를 맺고, 동물은 그 열매를 먹고 산다.

생산자와 소비자 넣으면 어항도 생태계

(라)어항도 하나의 작은 생태계입니다. 어항에 꼭 필요한 생산자와 소비자, 분해자를 넣어 주면 먹이를 주거나 청소를 하지 않아도 돼요. 그래서 새우를 키우는 어항에는 먹이가 되는 녹조류를 넣어 주어야 해요. 녹색 머리카락처럼 생긴 녹조류는 엽록체를 가진 생물이어서 식물처럼 광합성을 할 수 있어요. 새우는 녹조류가 광합성을 해서 만든 양분을 얻지요. 그러니 녹조류가 든 어항은 하루에 한 번은 햇빛이 잘 드는 곳에 두어야 해요. 분해자는 새우가 누는 똥을 먹어 치워 어항을 깨끗하게 해요. (63~71쪽)

▲어항에 생산자와 소비자를 함께 넣어 주면 하나의 작은 생태계를 이룬다.

이런 뜻이에요

무기 양분 식물의 양분으로 사용되는 물질 가운데 탄소가 포함되지 않은 성분.
녹조류 엽록소를 가지고 있어 녹색을 띠며 주로 물속에 사는 식물. 광합성에 의하여 영양소를 만든다.

본문 맛보기

반달가슴곰 멸종하자 산의 생태계 균형 무너져

▲반달가슴곰이 사라지면서 나무 열매를 먹지 않아 숲에 나무가 빽빽해졌다.

(마)예전에는 우리나라에도 지리산 등 높은 산에 반달가슴곰이 살았어요. 하지만 일제강점기(1910~45)와 6·25전쟁을 겪고, 불법 사냥이 늘어나면서 멸종 위기에 몰렸지요. 곰이 사라지자 생태계에 문제가 생겼어요. 곰이 나무의 싹이나 다 자란 나무의 뿌리와 열매를 먹어야 나무의 수가 조절되는데, 곰이 멸종해서 나무가 빽빽해진 거예요. 반달가슴곰이 없어지자 초식 동물도 늘었어요. 초식 동물이 늘면서 먹이 경쟁이 심해지는 바람에 동물들이 먹이를 찾아 산에서 내려와 논과 밭의 농작물을 먹어 치우기 시작했어요. (76~81쪽)

외래종 황소개구리가 우리나라 생태계에 적응

▲외래종인 황소개구리는 우리나라의 먹이 관계 안에 포함되면서 그 수가 조절되고 있다.

(바)대다수 외래종은 환경에 적응하지 못합니다. 그런데 황소개구리처럼 일부는 새로운 곳에 적응해, 원래 그 지역에 살던 토종 생물을 밀어내지요. 유럽에서 호주의 한 지역으로 넘어온 외래종 토끼는 풀과 나뭇잎, 뿌리 등을 닥치는 대로 먹어 치워 그 지역을 사막으로 만들기도 했어요. 그런데 약 50년 전 우리나라에 와서 생태계를 어지럽히던 황소개구리는, 오늘날 생태계의 먹이 관계에 포함되면서 수가 자연적으로 조절되고 있어요. 토종 개구리를 먹던 동물이 황소개구리도 먹기 시작한 것입니다. (95~105쪽)

> **이런 뜻이에요**
> **일제강점기** 일본에게 우리나라를 빼앗겼던 시기.
> **토종 생물** 원래 그곳에서 나서 사는 생물.

생각이 쑥

1 (가)에서 식물의 광합성 원리를 정리하세요.

▲녹색 식물은 물과 빛을 이용해 스스로 영양분을 만들어 산다.

2 (가)~(다)를 참고해 생태계의 생산자와 소비자, 분해자가 각각 양분을 얻는 방법을 설명하세요.

생산자	
소비자	
분해자	

머리에 쏘옥

광합성 어떻게 이뤄지나

광합성은 녹색 식물과 그 밖의 생물이 빛을 이용해 물과 이산화탄소에서 양분을 만들어 내는 일을 말해요. 이 양분은 생물이 자라고, 자손을 만들고, 생명을 유지하는 데 필요하지요.

식물의 광합성은 잎과 줄기의 엽록체에서 일어납니다. 엽록체에는 녹색을 띠는 엽록소가 들어 있어서 식물이 녹색을 띠는 것입니다.

그래서 식물을 어두운 곳에 둘 경우 광합성을 하지 못해 양분을 얻지 못하므로 죽게 됩니다.

▲화분을 창가에 두면 빛을 받아 잘 자란다.

생각이 쑤욱

3 (다)에서 곰팡이나 세균은 사람의 건강에 해롭기 때문에 무조건 없애야 한다는 주장을 반박해 보세요.

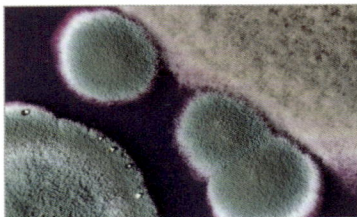

▲곰팡이는 죽은 생물이나 배설물을 분해해 없애 준다.

4 (라)를 참고해, 먹이를 주지도 않고 청소를 하지 않아도 되는 어항의 생태계를 꾸며 보세요.

▲어항에 생산자와 소비자, 분해자를 함께 넣어야 생태계를 엿볼 수 있다.

머리에 쑤욱

분해자인 세균과 곰팡이의 역할

세균과 곰팡이는 대표적인 분해자예요. 세균과 곰팡이 가운데 일부는 사람의 몸에 질병을 일으키기도 하지요. 그런데 죽은 생물이나 배설물을 없애 주는 고마운 일을 하기도 합니다. 세균이나 곰팡이가 없다면 세상은 쓰레기로 넘칠 것입니다.

세균과 곰팡이는 살아 있는 식물에게 도움을 주기도 합니다. 동물의 배설물과 죽은 생물을 분해해 놓으면, 주변의 흙과 물, 공기에 섞여 분해되어 자연으로 돌아가지요. 식물은 이렇게 분해된 것을 양분으로 흡수해 살아간답니다.

▲분해된 동물의 배설물을 땅에 뿌리면 식물이 양분을 얻어 잘 자란다.

생각이 쑤욱

5 (마)를 참고해, 반달가슴곰을 길러 지리산에 풀어 주는 데 반대하는 사람들을 설득하세요.

▲ 지리산에 사는 반달가슴곰.

우리나라는 2001년부터 반달가슴곰을 지리산에 방사하는 사업을 하고 있다. 하지만 방사된 반달가슴곰은 환경에 적응하지 못해 죽기도 하고, 사람들을 위협하는 등의 부작용도 있다. 그래서 반달가슴곰을 지리산에 방사하지 못하게 반대하는 사람들도 적지 않다.

방사 동물이 자연에서 적응해 살 수 있도록 놓아주는 일.

머리에 쏘옥

반달가슴곰이 생태계에 끼치는 영향

반달가슴곰은 우리나라에서 멸종 위기에 놓인 동물입니다. 그래서 정부는 멸종을 막으려고 2001년부터 여러 차례 지리산에 반달가슴곰을 방사했습니다. 반달가슴곰을 지리산 생태계에 적응시켜 그 수를 늘리려는 목적이 있지요.

반달가슴곰은 먹이 활동을 하면서 나뭇가지를 부러뜨려 숲의 밑 부분까지 햇빛이 들게 해서 키가 작은 식물이 잘 자라게 합니다. 또 열매나 씨앗을 먹고 멀리 가서 배설해 퍼뜨립니다. 그리고 그 씨앗은 그대로 땅에 떨어진 것보다 싹이 더 잘 튼답니다.

반달가슴곰은 먹이사슬에서 맨 꼭대기에 있습니다. 따라서 반달가슴곰이 없으면 먹이사슬 아래에 놓인 동물의 수가 크게 불어나 생태계 전체가 무너집니다. 이들 동물은 주로 초식 동물인데, 작은 동물의 수가 늘면 풀이 줄기 때문이죠.

반달가슴곰의 복원이 성공하려면 안전한 서식지를 확보해야 합니다. 방사한 곳 주변에 사는 주민과 충돌도 줄이고, 찻길에서 차에 치여 죽지 않게 보호해야 합니다. 몰래 하는 사냥도 감시하고, 생태 통로도 만들어야지요.

생각이 쑤욱

6 (바)에서 외래종인 황소개구리가 우리나라의 생태계를 어떻게 어지럽혔으며, 현재 우리 생태계에 어떻게 해서 적응했는지 이야기해 보세요.

▲황소개구리는 처음에는 토종 동물과 천적인 뱀까지 잡아먹었지만, 이제는 뱀과 왜가리, 오리 등이 황소개구리를 잡아먹는다.

머리에 쏘옥

우리 생태계에 적응한 황소개구리

황소개구리는 원래 미국이 원산지입니다. 1970년대에 음식 재료로 사용하려고 우리나라에 들여왔지요.

그런데 일부가 자연으로 풀려 나가 토종 동물을 마구 잡아먹으면서 수가 늘었지요. 심지어 개구리의 천적인 뱀과 새도 잡아먹어 생태계를 어지럽혔어요.

그런데 지금은 황소개구리와 주변 동물의 관계가 바뀌었어요. 뱀과 왜가리, 오리 등 여러 가지 동물이 황소개구리를 잡아먹는답니다. 이들 동물은 황소개구리의 올챙이까지 잡아먹어 황소개구리의 수가 알맞게 유지되고 있습니다.

이제 황소개구리는 새나 뱀 대신 곤충이나 물고기 등을 먹고 살게 되었어요. 환경 오염 때문에 토종 개구리의 수가 많이 줄고, 새나 뱀의 먹이가 되는 다른 생물도 감소하면서 토종 개구리를 먹이로 삼던 동물이 황소개구리를 먹기 시작했기 때문이지요.

▲왜가리가 황소개구리를 잡아먹고 있다.

생각이 쑤욱

7 생태계가 균형을 이뤄야 하는 까닭과 생태계의 균형을 지키기 위해 개인과 정부가 어떤 노력을 해야 할지 말해 보세요(300~400자).

동물이 도로를 건너다 차에 치여 죽는 것을 로드킬이라고 한다. 1년에 1만 건이 넘는다고 한다. 로드킬은 동물의 서식지 한가운데를 가로질러 도로를 만들었기 때문이다. 또 건물을 짓거나 도시를 개발하면서 야생 동물이 이동할 수 있는 생태 통로를 내지 않아서 그렇다. 생태 통로를 엉뚱한 곳에 냈거나 흉내만 낸 곳도 적지 않다. 로드킬 차단 울타리를 설치하지 않은 곳도 많다. 로드킬로 희생되는 동물은 삵, 수달, 하늘다람쥐 등 멸종 위기의 동물도 있다. 동물은 밤에 달려오는 자동차 불빛을 받으면 제자리에서 꼼짝도 하지 못하므로 야생 동물이 많이 다니는 곳에서는 속도를 줄여야 한다.

▲야생 동물이 도로에 뛰어들지 못하게 유도 울타리를 설치했다.

<신문 기사 참조>

02 과학 | 식량 주권과 환경을 지키는 토종 씨앗

『씨앗이 있어야 우리가 살아요』
반다나 시바 외 지음, 책속물고기 펴냄, 92쪽

줄거리

농업이 산업화되면서 농사 작물도 많이 줄었습니다. 넓은 지역에서 한 가지 작물만 생산하는 단일 경작 때문이지요. 농작물을 대량 생산하려고 개발한 씨앗들은 토종 씨앗과 달리 일회용이 많습니다. 그래서 농부들은 계속 일회용 씨앗을 사야 하므로 씨앗 회사의 배만 불리고 있습니다. 반다나 시바는 자기 지역의 기후나 토질에 맞는 토종 씨앗 지키기 운동을 펼치고 있습니다. 잡종과 GMO 씨앗이 많은 지금 상황에서 씨앗도서관을 많이 만들어 토종 씨앗을 지키자고 합니다.

돈벌이가 되는 작물만 재배해 여러 씨앗 사라져

▲자연에는 수많은 종류의 생명이 함께 어울려 산다.

(가)자연에는 수많은 종류의 식물이 삽니다. 하지만 사람들은 돈을 벌겠다는 욕심 때문에 돈벌이가 되지 않는 식물은 모두 없애거나 팔았어요. 그래서 옥수수, 콩, 밀, 쌀 등 세계적으로 널리 팔리는 몇 안 되는 작물만 대량으로 재배되기 시작했지요. 그 결과 세계 시장에 판매되는 작물은 몇 가지밖에 안 됩니다. 사람들이 과거에 재배한 작물은 8500가지에 이르는데, 다른 작물은 거의 사라지다시피 한 것입니다. 수많은 작물을 생산하며 자연 그대로를 보존하는 데 한몫하던 농사일이 단일 경작, 즉 여러 농경지에서 한 종류의 작물만 생산하는 방식의 산업이 된 것이에요. (11~13쪽)

농부는 가난해지고 일회용 씨앗 회사만 배 불려

▲씨앗 회사들은 모든 씨앗과 경작지를 똑같이 만들려고 한다.

(나)산업화된 농업에서는 농약과 화학 비료를 많이 쓰기 때문에 물과 땅이 오염됩니다. 새로운 농업 기술을 이용해 적은 종류의 식물을 대량으로 재배하려고 새로운 씨앗도 많이 개발됩니다. 이 가운데는 열매가 많이 달리도록 개발된 잡종 종자가 있습니다. 그런데 이렇게 만들어진 씨앗은, 나중에 씨앗을 받아서 심어도 같은 열매를 맺지 않거나 열매가 아예 맺지 않아서 농부들은 계속 그 씨앗을 사서 심어야 하지요. 농사를 짓는 사람들과 자연환경은 계속 가난해지지만, 일회용인 잡종 씨앗과 화학 비료, 농약을 생산하는 회사들은 큰 부자가 되고 있습니다. (35~38쪽)

본문 맛보기

토종 씨앗은 그 지역의 기후나 토질에 맞게 진화

(다)오늘날 씨앗 가게에서는 좋은 특성만 모아 만든 잡종 씨앗을 팔아요. 잡종 씨앗을 사서 심으면 맛 좋은 열매를 많이 수확할 수 있지만, 자손에게 자기 특성을 그대로 물려줄 수 없어요. 일회용이기 때문에 다음 해에도 같은 특성을 가진 수확물을 얻고 싶다면 씨앗 가게에서 새로 사야 한답니다. 반대로 토종 씨앗은 열매에서 받은 씨앗을 심어도 똑같은 성질을 그대로 물려줄 수 있어요. 계속 재생되는 자원이지요. 농민은 토종 씨앗으로 농사를 지으면서 해충과 질병을 잘 이겨 내고, 가뭄과 폭우에 강한, 더 나은 품종을 보존하지요. 토종 씨앗은 그 지역의 기후나 토질에 꼭 맞게 되어 있기 때문입니다. (30~31, 41쪽)

▲토종 씨앗은 오랫동안 자연의 영향을 받아 체질이 다져진다.

씨앗 나눌 자유 얻으려고 '나브다냐 운동' 시작

(라)반다나 시바는 1987년부터 '나브다냐 운동'을 시작했어요. 씨앗을 보관하고 그 씨앗을 교환할 자유가 심각하게 위협을 받는다고 느꼈기 때문이에요. 다국적 씨앗 회사들은 농부들에게 씨앗을 팔 방법을 생각하다가 특허 제도를 도입하기로 했어요. 씨앗이 특허를 낸 사람의 지식재산이 되도록 해서 농부들이 서로 씨앗을 교환하지 못하도록 금지하자는 생각이었지요. 나브다냐 운동에 참여하는 사람들은 발명품도 상품도 아닌 씨앗에 특허권을 주는 일이 부당하다고 생각합니다. (50, 53쪽)

▲반다나 시바

이런 뜻이에요

다국적 씨앗 회사 세계 여러 곳에 회사나 공장 등을 두고, 씨앗을 생산하고 파는 기업.
특허 새롭게 발명한 것을 쓸모 있다고 인정해 주는 것. 최초 발명자에게 얼마 동안 독점권을 준다.
지식재산 음악, 미술, 문학 등의 창작물로, 형태가 없이 정보가 담긴 재산.

본문 맛보기

씨앗 유전자 변형할 때마다 해충도 강해져

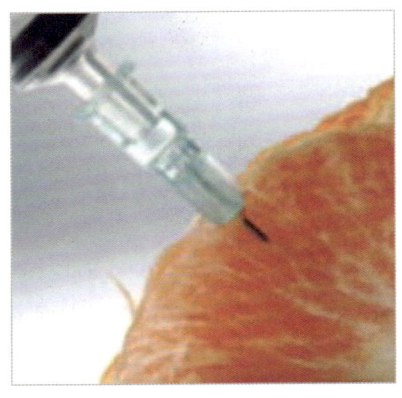

▲GMO 작물은 해충을 더욱 강하게 만드는 문제점을 낳았다.

(마)GMO는 '유전자 변형 생물'이라는 뜻이에요. 씨앗 회사들은 씨앗의 유전자를 변형하거나 전혀 다른 생물의 유전자를 집어넣어 GMO 씨앗을 만들었어요. 그리고 여기에 특허권을 설정했지요. GMO 작물이 해충에 강하고 친환경적이라고 주장도 했어요. 하지만 GMO 작물은 해충도 잡초도 이겨 내지 못했고, 역효과만 낸 경우도 있어요. GMO 씨앗 때문에 저항력이 슈퍼맨급인 해충들이 탄생했거든요. 유전자를 변형할 때마다 해충은 더 강해졌답니다. GMO 작물은 잡초도 이겨 내지 못했고, 농민이 점점 더 제초제에 의존하게 만들었어요. 그 결과 환경과 인간은 심각한 타격을 받게 되었지요. (64, 69, 74, 77쪽)

토종 씨앗 지키려면 실제로 농사를 지어야

▲서울 강동구에 있는 강동 씨앗도서관. 토종 씨앗을 보관하고 나누는 역할을 한다.

(바)인도에서는 나브다냐와 농부들이 씨앗과 땅을 지키기 위해 노력하고 있어요. 어린이도 할 수 있는 일이 많아요. 먼저 아는 사람에게 이 책에서 배운 내용을 말해 주세요. 특히 씨앗을 공유할 수 있는 씨앗도서관에 대해 알려 주세요. 혼자만 알기보다는 다른 사람에게 알리는 일이 중요해요. 수입 식품이나 대량 생산 식품보다는 내가 사는 지역에서 나는 토종 농산물을 먹는 일도 중요해요. 기회가 되면 토종 씨앗을 구해 밭이나 정원, 화분에 길러 보고, 이웃이나 학교 친구들과 씨앗을 교환해 보세요. (86~89쪽)

생각이 쑤욱

1 다국적 씨앗 회사들이 개발한 일회용 씨앗과 비교했을 때 토종 씨앗의 장점을 아는 대로 들어 보세요.

2 여러 농경지에서 한 종류의 작물만 생산하는 단일 경작을 계속하면 어떤 문제가 생길까요?

▲대규모 단일 경작을 하는 감자밭. 아일랜드는 전국이 감자 농사만 짓다가 1845년부터 10년간 감자가 썩는 병이 유행하면서 수많은 사람들이 굶어 죽어야 했다.

머리에 쏘옥

감자만 재배하다 큰 피해를 본 아일랜드

아일랜드는 유럽에서 가장 먼저 감자를 재배해 주식으로 먹은 나라입니다. 자연 환경이 감자를 재배하기에 좋았지요. 그리고 감자는 쉽게 잘 자라고 다른 곡물보다 생산량도 많아 인기를 끌었습니다.

그리고 빵과 달리 조리법도 간단해 씻어서 삶거나 굽기만 해도 쉽게 먹을 수 있었기 때문에 농부들의 사랑을 받았습니다. 그래서 농부들은 모두 감자만 심었지요.

하지만 1845년 여름에 아일랜드에 감자가 썩는 잎마름병이 유행하면서 모든 감자가 다 썩어 버리고 말았습니다. 그리고 이 재앙은 10년간이나 계속되어 75만 명이 굶어 죽고, 250만 명이 미국, 영국, 캐나다 등 다른 나라로 이민을 떠나야 했답니다.

▲잎마름병에 걸려 썩은 감자.

생각이 쑤욱

3 작물을 대량 생산하는 방식의 산업화된 농업의 장단점을 아는 대로 말해 보세요.

장점	단점

▲드론으로 농약을 뿌리는 모습. 작물을 대량 생산하면 수확량은 늘지만, 농약과 비료가 많이 필요하다.

4 인도의 환경운동가인 반다나 시바 입장에서 다국적 씨앗 회사들이 개발한 씨앗에 특허권을 주면 안 된다고 설득해 보세요.

머리에 쏘옥

반다나 시바와 토종 씨앗 지키기 운동

인도의 반다나 시바(1952~)는 물리학자이기도 한데, 환경운동가로도 나서서 '나브다냐 운동'을 벌이고 있습니다.

씨앗이 지구에 서식하는 모든 생명의 근원이라고 여기기 때문이지요.

하지만 다국적 씨앗 회사들의 이기심 때문에 씨앗을 거두고 전파할 농부들의 권리가 사라지고 있습니다.

자연에는 수많은 생명이 어울려 살고 있습니다. 따라서 하나의 종이 사라지면 연결 고리가 끊겨 생태계가 파괴되고 공멸할 수밖에 없지요.

그래서 반다나 시바는 자연 그대로의 풍성함을 지키기 위해 지속 가능한 토종 씨앗을 지키고 나누는 일에 앞장서는 것입니다.

▲반다나 시바가 나브다냐 운동에 동참해 달라고 호소하고 있다.

생각이 쑥

5 유전자를 변형해 만든 GMO 씨앗으로 계속 농사를 지을 경우 생길 수 있는 문제점을 아는 대로 말하고, 토종 씨앗을 지키기 위해 씨앗도서관을 늘려야 하는 까닭을 1분 동안 주장해 보세요.

▲2016년 문을 연 경기도 안양의 씨앗도서관. 안양시립어린이도서관 3층에 있는데, 콩과 옥수수, 팥, 참깨 등 토종 씨앗 200여 종과 씨앗 관련 책들이 전시되어 있다.

머리에 쏙쏙

GMO 씨앗의 문제점

GMO 작물은 개발 목적과 다르게 해충과 잡초를 이겨 내지 못합니다. 또 특정한 농약을 쓰지 않으면 열매가 맺지 않도록 설계되어 있기도 하지요.

예를 들면 해충에 강한 GMO 씨앗으로 농사를 짓는 작물은 살충 성분을 내뿜지만, 여기에 적응한 슈퍼 해충이 나왔습니다. 그리고 그 살충 성분이 음식을 통해 사람에게 흡수되면 건강에 나쁜 영향을 미칠 수도 있습니다.

토종 씨앗을 공유하는 씨앗도서관

씨앗도서관은 여러 씨앗을 보관했다가 빌려 줍니다. 그리고 1년 뒤 농사를 지어 수확한 씨앗을 빌린 만큼 갚게 합니다. 책을 대여하는 도서관과 비슷한 역할을 하지요.

씨앗도서관에서는 주로 토종 씨앗을 보관했다가 빌려주기 때문에 우리나라의 씨앗을 지키는 역할을 합니다.

우리나라에는 현재 서울의 강동구, 경기도의 안양과 수원, 충남 홍성 등에 10곳이 넘는 씨앗도서관이 있습니다.

▲강동구에 있는 씨앗도서관에 보관된 노랑메조와 선비자콩 등 여러 토종 씨앗.

생각이 쑤욱

6 토종 씨앗이 친환경 농사에 도움이 되는 까닭을 들고, 도시에서도 학교의 텃밭이나 아파트의 화단 등에 토종 씨앗 농사를 지어 보자고 설득해 보세요.

우리나라는 지금 450가지 정도의 벼 품종이 남아 있지만, 과거에는 1500가지가 넘었다. 벼농사를 지을 때 장마와 가뭄, 추위, 해충 피해를 고려해 벼 품종을 서너 가지씩 골고루 심었다. 장마를 이겨 내는 품종과 가뭄을 이겨 내는 품종이 달랐기 때문이다. 그해 농사를 모두 망치지 않고, 씨앗도 보존할 수 있는 조상의 지혜에서 나왔다.

▲강원도에서는 지금도 냉해에 대비해 일찍 수확하는 조생종 벼(왼쪽)와 늦게 수확하는 만생종 벼를 함께 재배한다.

머리에 쏘옥

토종 씨앗과 친환경 농사

친환경 농법은 비료와 농약 등을 쓰지 않기 때문에 자연 환경과 생태계를 파괴하지 않고도 농사를 지을 수 있는 농사 기술입니다.

토종 씨앗은 오랜 시간을 거치면서 그 지역의 땅과 기후에 적응한 체질을 갖추고 있답니다. 그래서 토종 씨앗으로 농사를 지으면 그 땅에 가장 적합하기 때문에 화학 비료나 농약을 쓰지 않고도 농사를 지을 수 있는 것입니다.

우리 조상은 과거 우리나라의 기후와 토질에 맞는 토종 씨앗을 골고루 심어 농사를 지었습니다. 또 여러 품종을 동시에 심어 농사를 지으면서 작물이 단순해지지 않도록 노력했답니다.

생각이 쑤욱

7 아래 기사를 참고해 국제종자저장고의 역할을 정리하고, 우리나라에도 대규모 토종 씨앗 저장 창고를 지어야 한다고 주장해 보세요(300~400자).

> 북극의 스발바르섬에 있는 국제종자저장고는 2008년에 만들어졌다. 자연 재해나 핵전쟁 등 때문에 닥칠 인류 최후의 날에 대비해 세계의 곡물 종자를 모아 놓은 곳이다. 자연 냉동 상태라 전기 공급이 끊겨도 200년 넘게 종자가 살아남을 수 있어 '노아의 방주'로도 불린다. 보관된 종자는 에스토니아산 양파 감자 등 100만 가지가 넘는다. 우리나라도 지난 2008년 참깨와 콩, 녹두 등 1만 3000여 점을 기증했다.
>
>
> ▲스발바르섬에 있는 국제종자저장고.
>
> <신문 기사 참조>

03 경제 - 착한 소비자가 되는 길

『어린이가 꼭 알아야 할 윤리적 소비
착한 소비가 뭐예요?』

서지원 외 지음, 상상의집 펴냄, 144쪽

 **줄거리**

착한 소비가 무엇인지 쉽게 풀었습니다. 녹색 소비, 동물 실험 반대, 어린이 노동 금지, 공정 무역, 공정 여행에 관한 다섯 가지 착한 소비 이야기로 구성되어 있습니다. 친환경적으로 만들었는지, 생산자에게 정당한 대가를 주었는지, 동물 실험을 거쳤는지 등을 살펴 물건을 사는 것만으로도 세상을 바꿀 수 있음을 보여 줍니다. 물건을 소비하는 방법과 진정한 소비의 가치도 알려 줍니다.

우리나라는 온난화 영향 더 심하게 받아

▲제주도 서귀포시의 용머리 해안이 과거보다 해수면이 상승하는 바람에 하루 평균 4~6시간씩 물에 잠긴다.

(가) "이건 제주도 용머리를 찍은 사진입니다. 이전 사진과 비교해 보면 해수면이 얼마나 높이 올라왔는지 알 수 있지요. 지구 온난화로 북극과 남극의 빙하가 녹으니까 해수면이 올라가는 것이죠. 우리나라의 해수면은 다른 나라에 비해 더 빨리 상승하고 있습니다. 세계 평균보다 2배나 더 빠르다고 해요. 이런 추세대로 갈 경우 2080년이 되면 해수면이 70센티미터나 더 높아진다고 해요. 바닷가나 지대가 낮은 곳은 거의 다 물에 잠긴다고 봐야 하지요. 서해안과 남해안 지역 대부분도 물에 잠길지 몰라요. 한반도의 기후도 완전히 바뀌고 있습니다." (23~24쪽)

녹색 소비자는 친환경 제품 사서 써

▲녹색 소비자는 환경에 어떤 영향을 미칠지 따져서 제품을 산다.

(나) "형, 녹색 소비자라고 알아?" "녹색 소비자?" "똑똑한 줄 알았는데 그게 아니었네. 녹색 소비자는 환경 오염을 줄이고, 온실가스를 줄이고, 지구를 보호하려는 사람들이야. 보통 소비자는 값싼 물건이나 좋은 물건을 사려고 하는데, 녹색 소비자는 달라. 환경 오염을 시키지 않는 물건인지 아닌지 따져 보고 산단 말이야." 민영이는 책장에서 공책 한 권을 꺼내 왔다. 종이가 하얀색이 아니라 누런색이었다. "이 공책은 사람들이 버린 종이로 만든 재생 공책이야. 이거 형 가져. 그리고 한 가지만 약속해 줘. 형도 녹색 소비자가 되겠다고." (30쪽)

화장품 등 만드는 실험에 쓰이는 동물 많아

(다) "이모, 화장품을 어떻게 만드는지 알아? 동물로 실험해서 만든대." "그래? 그게 뭐 어때서. 안전한지 알아보려고 동물 실험을 하는 거 아냐. 동물의 생명도 중요하지만, 사람들한테 해로운지 아닌지 알아보려면 어쩔 수 없는 일이잖아." "다른 방법도 있을 거 아냐. 이모가 쓰는 화장품이 애꿎은 동물들의 희생으로 만들어졌다고 생각해 봐! 그래도 그런 걸 쓰고 싶어?" "그런 건 과학자들이 알아서 하겠지. 난 동물 실험으로 만들었든 그냥 실험으로 만들었든 상관없어. 질 좋은 제품만 쓸 수 있으면 그만이라고." (51~52쪽)

▲토끼는 피부 반응이 뛰어나서 화장품을 만드는 실험에 이용된다.

가난 때문에 어릴 적부터 공장에서 일해야

(라) 바바가 일하는 곳은 축구공을 만드는 공장입니다. 새벽부터 저녁까지 쉬지 않고 가죽 조각을 꿰매 축구공을 만드는 일을 하죠. 일을 하면서 고생하는 것에 비해 터무니없이 적은 돈을 받지만 부모가 가난하기 때문에 다른 선택을 할 수 없어요. 부모님께는 자신이 물과 음식도 제대로 먹지 못한 채 쉬지 않고 일만 하고 채찍으로 맞기까지 했다는 얘기를 할 수도 없어요. 바바는 그렇게 축구공을 꿰매도 밀가루 빵 하나 살 돈밖에 받지 못하지만, 그것마저도 하지 않으면 가족들이 끼니를 굶어야 한다는 사실을 잘 알고 있어요. 바바는 이미 오래전에 지문마저 없어진 손가락을 부지런히 움직였어요. (67, 72, 77쪽)

▲바바가 일하는 공장에서는 수십 명의 어린이가 가죽 조각을 꿰매 축구공을 만든다.

본문 맛보기

목화를 재배할 때 농약 사용 안 해

▲살비가 농약을 쓰지 않고 키운 목화밭에서 목화를 따고 있다.

(마)목화 농장에서는 매일 벌레를 없애려고 농약을 뿌려댔습니다. 하지만 살비는 절대 화학 약품을 사용하지 않았습니다. 살비는 매일 밭으로 나가 벌레를 잡았습니다. 살비네 목화를 사 갈 사람들이 왔습니다. 알리 아저씨는 살비가 기른 목화처럼 화학 약품을 쓰지 않은 목화만 가져다가 옷을 만든다고 했습니다. 아저씨가 만든 유기농 옷은 세계 여러 곳에 있는 공정 무역 상점에서 팔고 있다고 합니다. 살비는 직접 만든 주머니와 가방, 인형들을 보여 주었습니다. "살비, 인형과 가방을 공정 무역 상점에서 팔아 보면 어떨까? 분명히 사람들이 좋아할 거야." (102~104쪽)

공정 여행은 환경과 지역 주민들에게 도움

▲공정 여행은 환경 파괴를 최소화하고 현지 주민들에게도 도움이 된다.

(바)"호텔에 가서 편하게 자고, 싼 물가 이용해서 쇼핑하고, 남들이 다 가는 관광지만 돌아다니고…. 그런 여행이 진짜 여행이라고 생각해?" "꼭 그런 건 아니지만 굳이 돈 주고 이렇게 불편하게 여행할 필요가 없잖아." "이건 그 나라를 알기 위해서, 그 나라 사람들과 똑같이 생활해 보는 것일 뿐이야. 캄보디아를 알고 싶고, 그 나라를 구경하고 싶다면 먼저 그 나라 사람들이 어떻게 사는지 알아야 하지 않을까?" "이 여행은 조금 불편하고 낯설지만, 이 지역 사람들에게 힘을 주고, 제대로 된 문화를 알 기회를 주는 좋은 여행인 거야." (126, 133쪽)

생각이 쑤욱

1 녹색 소비자가 되려면 물건을 소비할 때 어떤 점에 신경을 써야 하나요?

▲녹색 소비자는 물건을 재활용하는 방법을 찾는다.

2 공정 무역 상품을 소비하면 환경 문제 해결에도 도움을 준다고 합니다. 왜 그런지 (마)의 살비네 목화밭을 예로 들어 설명하세요.

머리에 쏘옥

녹색 소비자의 생활

녹색 소비자는 상품을 사서 사용하고 처분하는 과정에서 녹색 소비를 실천합니다.

제품을 살 때는 쓰레기가 적게 나오는지, 재활용할 수 있는지, 화석 연료를 적게 사용해 만들었는지 등을 꼼꼼히 따집니다. 그리고 과대 포장이 안 되고, 에너지 소비 효율이 높은 제품을 선택합니다. 식품의 경우 가까운 곳에서 생산한 신선하고 안전한 친환경 유기농 제품을 소비합니다.

제품을 사용하거나 폐기하는 과정에서도 환경을 훼손하지 않으려고 노력합니다. 사용하지 않는 물건은 필요한 사람들에게 나누어 줍니다. 쓰레기는 반드시 분리해서 배출하고, 배출하는 양도 최대한 줄입니다.

생각이 쑤욱

3 (라)의 바바처럼 학교에서 공부해야 할 아이들이 어렸을 적부터 생활비를 벌기 위해 위험하고 환경이 나쁜 공장에서 일하면 어떤 문제가 생길까요?

▲어렸을 적에 일터에 나가면 교육을 받지 못하는 문제가 생긴다.

머리에 쏘옥

어린이 노동자

유엔에 따르면 어린이 노동자(5~17세) 수는 세계적으로 1억 7000만 명입니다. 어린이 8명 가운데 1명은 학교 대신 일터로 내몰리는 셈입니다.

이들 대다수는 법에 의해 보호를 받지 못하면서 위험한 환경에서 일합니다.

어린이 노동자의 60퍼센트(100 가운데 60)는 농업에 종사합니다. 그런데 농장에서 일하는 어린이의 건강이나 안전은 관리가 되지 않고 있지요.

7퍼센트는 공장에서 일하는데, 작업 환경이 위험해서 일하다가 목숨을 잃는 어린이가 해마다 2만 2000명에 이른답니다.

4 (마)에서 살비가 재배한 목화는 공정 무역을 통해 거래됩니다. 내가 공정 무역에 참여할 수 있는 방법을 세 가지만 들어보세요.

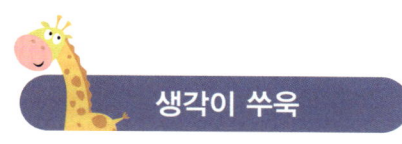

생각이 쏘옥

5 방학 동안 공정 여행을 한다고 생각해서 여행 계획을 세워 보세요.

공정 여행 계획서			
장소			
기간			
함께 갈 사람			
일정	1일차		
	2일차		
	3일차		
	4일차		
준비물			
주의할 점			
예상되는 문제점			

공정 여행의 장단점

공정 여행을 하는 사람들은 호텔이나 리조트 대신 지역 주민이 운영하는 숙소와 식당을 이용합니다. 그리고 환경을 보호하기 위해 일회용품 사용을 줄이고, 대중교통을 이용합니다.

따라서 공정 여행을 하면 여행지의 주민들에게 경제적인 도움을 줄 수 있습니다. 관광지를 개발할 때 일어나는 환경 파괴도 최소화할 수 있지요.

하지만 공정 여행은 일반 여행보다 비용이 더 듭니다. 현지 업체와 연락해 의논하거나 정보를 얻는 데도 어려움이 있습니다. 이미 정해진 여행과 달리 여행하는 사람이 여행할 곳을 새로 개척해야 하기 때문에 불편할 수도 있습니다.

▲공정 여행을 하는 사람들이 여행지의 원주민들과 민속춤을 즐기고 있다.

생각이 쑤욱

6 아래 제시문을 이용해 화장품의 동물 실험을 지지하는 사람들의 주장을 꺾어 보세요.

사람과 동물은 반응 체계가 다르기 때문에 동물 실험이 의미가 없다. 그런데 아직도 화장품의 안전성 입증에 희생되는 동물이 많다. 화장품의 동물 실험을 찬성하는 사람들은 동물 복지도 중요하지만 사람의 안전을 우선해야 한다고 말한다. 하지만 지금은 동물 실험을 대체할 여러 방법이 개발되었다. 인공 피부는 동물 실험 없이도 인체에 미치는 독성을 평가할 수 있고, 특정 물질이 인간에게 미치는 영향은 컴퓨터로도 분석이 가능하다.

머리에 쏘옥

화장품 동물 실험 금지

유럽연합(EU)은 2013년 화장품산업의 동물 실험을 금지했습니다. 우리나라도 2018년부터 동물 실험을 거쳐 만든 화장품 판매를 금지했습니다.

사람과 동물 피부는 구조와 반응 체계가 달라 동물에게 안전한 결과가 나왔다고 사람에게도 안전하다고 볼 수는 없습니다. 그럼에도 미국을 포함한 세계 여러 나라들이 화장품 개발에 동물 실험을 허용하고 있습니다.

해마다 세계적으로 50만 마리의 동물이 화장품을 만들기 위한 실험에 쓰이고 있습니다. 특히 중국은 자국에 수입되는 모든 화장품에 대해 동물 실험을 거쳐야 한다고 법으로 강제했습니다.

7 아래 글을 참고해 착한 소비의 좋은 점과, 착한 소비를 늘리기 위해 내가 실천할 수 있는 방법을 제시하세요(300~400자).

> 한 카드 회사가 최근 아시아태평양 지역 14개국을 대상으로 실시한 '착한 소비 지수 국가별 비교'에서 우리나라는 37.4점을 얻어 11위에 그쳤다. 1위는 인도네시아로 73.2점이었고, 태국(69.6)과 중국(68), 인도(66.2)가 뒤를 이었다. 착한 소비 지수란 최근 3년 동안의 친환경 제품이나 공정 무역 제품, 기부금 자동 적립 제품 구입 비율을 합쳐 계산한 점수다. 그런데 우리 국민 가운데 공정 무역 제품을 사 본 적이 있는 사람들은 해가 갈수록 줄어드는 것으로 나타났다.
>
> <신문 기사 참조>

▲우리 국민은 착한 소비에 관심이 별로 없는 것으로 나타났다.

04 문화 | 축제는 제사 의식에서 시작되었어요

『놀면서 배우는 세계 축제 ①』
유경숙 지음, 봄볕 펴냄, 152쪽

 줄거리

세계에는 여러 가지 축제가 있습니다. 우리나라에서는 쉽게 볼 수 없는 신기한 동물 축제부터 이해하기 어려운 위험한 축제에 이르기까지, 놀라운 축제들이 세계 곳곳에서 1년 내내 열린답니다. 예술 축제가 많이 열리는 나라도 있고, 스포츠 축제가 많이 열리는 나라도 있어요. 아름다운 자연 환경을 이용해 축제를 여는 곳도 있지요. 축제란 무엇이며, 어떻게 시작되었고, 나라마다 축제가 왜 다른지도 담겨 있습니다. 세계에서 열 손가락 안에 드는 이름난 축제와 이색적인 축제도 만날 수 있습니다.

하늘에 제사 지내는 의식이 축제로 변해

▲마을 사람들의 안전과 풍년을 기원하며 제사를 지내고 있다.

(가)축제는 그 나라의 문화와 풍습, 사람들이 사는 모습을 그대로 담고 있어요. 보통 '축제'라고 하면 흥겹게 즐기는 사람들이 먼저 떠오르지만, 원래는 하늘에 제사를 지내는 집단 의식에서 출발했어요. 제사를 지낼 때는 신을 기쁘게 하기 위해 춤, 노래, 놀이 등의 의식을 함께 했는데, 이것이 전해 내려오면서 오늘날의 축제가 되었답니다. 우리의 명절 풍습도 마을의 풍년과 가정의 행복을 빌며, 병이나 귀신을 물리치고, 침입자들을 막기 위한 의식에서 발전된 놀이들이에요. (10~13쪽)

흑인들 고향 그리던 잔치가 최고 축제로 발전

▲영국 노팅힐 축제에서 가장 인기 있는 퍼레이드 장면.

(나)제2차 세계대전이 끝난 뒤, 영국은 일손이 모자랐어요. 영국의 식민지였던 지역에서 영국 국적을 가진 유색 노동자들을 데려오기 시작했어요. 인도, 파키스탄, 홍콩 등의 지역과 특히 자메이카 등 카리브해에 살던 흑인들이 많이 이주해 왔어요. 돈을 벌기 위해 온 가난한 흑인들이 런던의 변두리 노팅힐에 모여 살았죠. 그리고 1964년부터 한데 모여 고향을 그리고 작은 잔치를 하던 것이 오늘날 세계 최고의 축제로 명성을 떨치게 되었답니다. 노팅힐 축제에 가면 가장 눈에 띄는 게 퍼레이드예요. (38~40쪽)

> **이런 뜻이에요**
> **카리브해** 남미 북쪽 해안과 중미 동쪽 해안. 멕시코 일부에 맞닿은 대서양의 일부.
> **퍼레이드** 축제나 축하 행사 등에서 많은 사람이 거리를 화려하게 행진하는 일.

삼바 축제 참가하려면 1년간 삼바 학교 입학해야

(다)브라질 삼바 축제는 독일의 옥토버페스트와 일본의 삿포로에서 열리는 눈꽃 축제와 함께 세계 3대 축제로 손꼽힙니다. 삼바 축제는 매년 2월 말부터 3월 초까지, 딱 4일 동안 열려요. 삼바 리듬에 맞춰 쉴 새 없이 몸을 흔들고 춤을 추는 사람들을 보고 있노라면, 구경하는 사람들도 저절로 들썩들썩 따라서 춤을 추게 돼요. 이 축제에 참가하려면 1년 전부터 삼바 학교에 입학해야 해요. (52~54쪽)

▲브라질 삼바 축제의 모습. 축제에 참가하려면 1년 전부터 삼바 학교에 입학해야 한다.

우울한 국민 기쁘게 하려다 삿포로 축제 생겨

(라)제2차 세계대전이 끝난 뒤에는 일본 국민에게 힘든 시기였어요. 일본이 전쟁을 먼저 일으킨 데다 크게 졌기 때문이지요. 삿포로는 가장 북쪽에 있는 추운 도시라 더욱 우울했어요. 어느 날 학생들 몇몇이 모여 사람들을 웃게 해 줄 뭔가를 만들어야겠다고 생각했어요. 하지만 눈에 보이는 건 매일 쏟

▲일본 삿포로눈꽃축제의 모습. 세계 3대 축제의 하나다.

아지는 눈뿐이었지요. 소년들은 눈을 뭉쳐 재미있는 조각들을 만들었어요. 의외로 반응이 매우 좋았고, 사람들 얼굴에 작은 미소가 피어났어요. (60~63쪽)

본문 맛보기

어진 관리 억울한 혼 달래려 용선 축제 열려

▲해마다 음력 5월 5일에 열리는 홍콩용선축제의 모습. 굴원의 혼을 달래기 위해 연다.

(마)홍콩의 용선 축제는 홍콩 빅토리아항구에서 열리는 전통 수상 축제예요. 먼 옛날 중국에 '굴원'이라는 충신이 살았어요. 굴원은 탐관오리들을 멀리하고 가난한 백성들을 위하는 어진 관리였답니다. 굴원은 대쪽 같고 바른 마음을 시기하던 부패한 관리들 때문에 누명을 쓰고 강에 스스로 빠져 죽었어요. 사람들은 물고기들이 굴원의 시신을 먹지 않도록 중국식 만두 '쫑지'를 던져 주었대요. 그 뒤로 굴원이 죽은 5월 5일이 되면 쫑지를 바다에 던지며 굴원의 혼을 달랬답니다. 뱃머리에 용의 모형을 장식한 '용선'으로 바다를 가르는 풍습도 생겼어요. (66~69쪽)

아내 업고 달리기 등 특이한 세계 축제 많아

▲러시아에서 해마다 7월에 열리는 '하이힐 신고 달리기 축제'의 모습.

(바)세계에는 특이한 축제들도 많아요. 핀란드의 '아내 업고 달리기 축제'는 말 그대로 아내를 업고 제일 빨리 달리는 1등 남편을 뽑는 축제예요. 아내는 17세 이상, 몸무게 49킬로그램 이상이어야 참가할 수 있어요. 러시아에서는 매년 7월 '하이힐 신고 달리기 축제'가 열려요. 멋쟁이 여자들만 신는다는 높은 뾰족구두를 신고 100미터 달리기를 하다니 얼마나 힘들까요? 남자도 9센티미터 이상의 뾰족구두만 신으면 참가할 수 있어요. (122~137쪽)

이런 뜻이에요

탐관오리 욕심이 많고 부정을 일삼는 벼슬아치.

생각이 쑤욱

1 축제는 어떻게 시작되었나요?

2 (가)~(마)에 나온 축제들을 지도에 표시한 뒤 특징을 설명하세요.

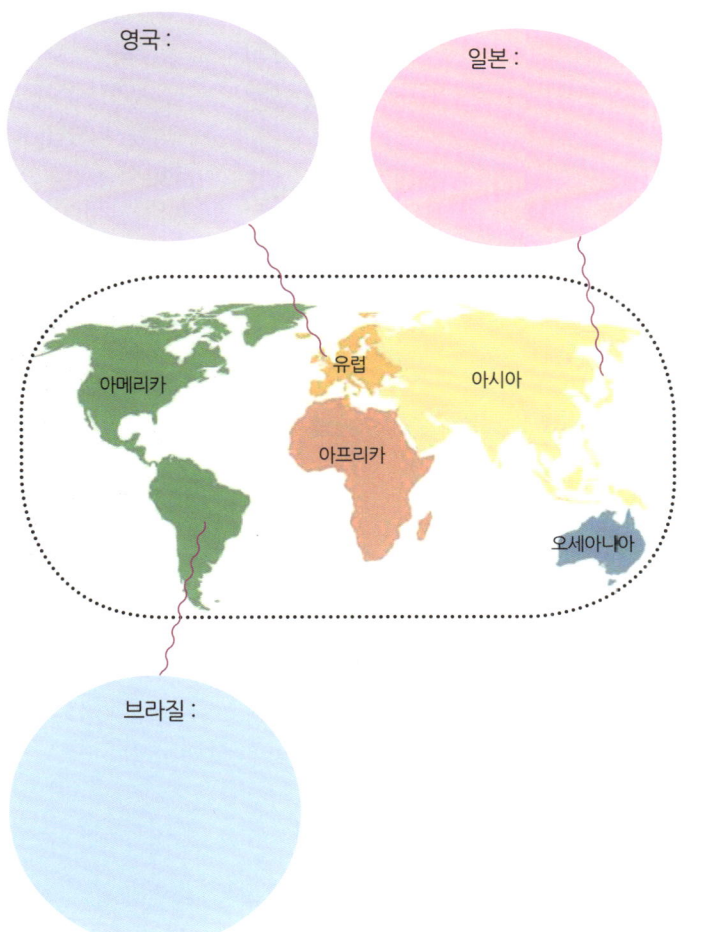

축제는 어떻게 생겼을까

오랜 옛날에는 하늘이나 강, 산, 호랑이, 곰 등을 신처럼 섬겼답니다.

사람들은 자기네가 믿는 신들에게 다양한 형태로 제사를 지냈어요. 홍수나 가뭄, 흉년이나 전염병 등으로 사람들이 죽으면 신이 화가 났기 때문이라고 생각했죠. 그래서 신의 노여움을 풀기 위해 제사를 지냈답니다.

제사를 지낼 때 신에게 바치기 위해 노래를 부르고, 춤을 췄던 것이 오늘날에는 자신들의 즐거움을 위한 축제가 된 것입니다.

고싸움이나 강강술래, 지신밟기 같은 우리의 전통 명절 풍습도 처음에는 제사에서 출발했지요. 그러다 집단으로 놀이를 즐기면서 자연스럽게 축제로 발전한 것입니다.

▲고싸움 모습. 고싸움은 정월 대보름 전후에 전남에서 둥그런 모양의 '고'를 만들어 서로 맞부딪쳐 싸워 승부를 가리는 성인 남자들의 놀이다.

생각이 쑥

3 나라와 대륙에 따라 열리는 축제의 종류나 축제의 특색이 다른 까닭은 무엇일까요?

4 영국 사람들은 아프리카에서 데려온 흑인 노동자들을 차별했어요. 그 바람에 흑인 노동자들은 힘든 시간을 보냈어요. 행복이는 우리나라에서 일하는 외국인 노동자들을 응원하는 마을 축제를 열려고 해요. 외국인 노동자들을 초대하는 초대장을 만들어요.

☞축제 이름, 행사 내용과 특징, 축제 장소와 시간 등을 적어요. 외국인 노동자들은 낮은 월급과 의사 소통의 어려움, 편견과 차별 대우 때문에 어려움을 겪는다고 합니다.

머리에 쏘옥

다양한 축제

세계적으로 축제가 아주 많이 열립니다. 축제는 나라의 위치나 날씨, 계절 등 환경의 영향을 많이 받습니다. 그 나라의 역사나 종교, 민족 등의 영향도 받지요.

세계에서 축제가 가장 발달한 곳이 유럽이에요. 동유럽은 전쟁으로 힘겨운 시간을 많이 보냈기 때문에 새로운 시작과 희망을 뜻하는 봄에 축제를 끊임없이 연답니다. 지중해에 닿아 있는 남유럽은 풍요로움을 즐기는 전통 축제가 많아요.

아프리카 대륙은 날씨가 몹시 덥고 가난하지만, 어린이를 위한 축제가 다양합니다. 비용을 아껴 만들었는데, 어린이를 위한 마음이 담긴 따뜻하고 아름다운 축제랍니다.

▲어린이들을 위한 아프리카 축제 모습.

생각이 쑥쑥

5 우리나라에서 열리는 축제를 한 가지 정한 뒤 홍보 포스터를 만들어 보세요.

'함평나비대축제'는 전남 함평군에서 1999년부터 해마다 5월에 열린다. 함평의 자연에 살아 있는 나비와 자연을 소재로 펼쳐지는 생태 학습 축제다. 축구장 120개 넓이에 유채꽃과 자운영꽃이 수만 마리의 나비와 어울려 만들어 내는 아름다움을 즐길 수 있다. 나비 날리기, 나비 곤충생태관 운영, 나비 사진 전시, 환경 퀴즈 대회 등 다양한 행사가 열린다.

▲ '함평나비대축제' 포스터.

머리에 쏙쏙

세계의 이색 축제

멕시코 사람들은 '죽은 자들의 날'에 죽은 사람들이 가족과 친구를 만나기 위해 세상에 내려온다고 믿어요. 그래서 이날을 기념하기 위해 제단을 마련하고 기도를 올리지요. 제단에는 설탕이나 초콜릿 등으로 해골 모양을 만들고, 뼈 모양의 사탕 등에 죽은 사람의 이름을 적어 올립니다. 멕시코 '죽은 자들의 날'은 지난 2008년 유네스코가 지정한 인류무형문화유산에 올랐어요.

포르투갈에서는 '이색 자동차 경주'가 열려요. 축제가 열리면 기발한 아이디어로 만든 자동차들이 모두 등장해요. 그동안 개구리, 권투 글러브, 버섯 집 모양 등의 여러 자동차가 참가했는데, 얼마 전에는 큰 헬멧 모양 자동차의 인기가 가장 높았답니다.

▲ 멕시코 '죽은 자들의 날' 제단.

생각이 쑤욱

6 축제를 할 때는 많은 사람이 모이기 때문에 주의해야 할 점들이 있어요. 사람들이 서로 배려하며 축제를 즐기기 위해 꼭 필요한 규칙을 일곱 가지만 정하세요.

▲다른 사람들을 방해하지 않도록 소란스럽게 놀지 않는다.

축제 때 지켜야 할 일곱 가지 규칙
1.
2.
3.
4.
5.
6.
7.

머리에 쏘옥

축제의 약속

우리나라에서도 해마다 '보령머드축제', '함평나비축제', '진도바닷길축제' 등 많은 축제가 열립니다. 축제에 참가하면 행사를 체험하고, 즐거운 시간을 보낼 수 있죠.

하지만 사람들이 많이 모이기 때문에 주의해야 할 점이 많아요. 사람들이 많아 소란스럽고, 다툼이 일어날 수도 있어요. 잘못하면 다칠 수도 있죠. 축제가 끝난 뒤 사람들이 빠져나간 자리에 쓰레기가 쌓여 거리를 더럽히고, 자연을 오염시킬 수도 있어요. 따라서 서로 배려하고 정해진 규칙을 지키는 일이 중요합니다.

▲축제가 끝난 뒤 쓰레기가 쌓인 모습.

생각이 쑤욱

7 현대에 시작된 우리나라의 대표 축제 가운데 한 가지를 골라, 축제의 유래를 이야기로 꾸며 보세요(300~400자).

> 문화체육관광부는 '김제지평선축제'와 '화천산천어축제'를 '대한민국 대표 축제'로 뽑았다. 우리 전통 축제를 세계적으로 키우기 위해 '대한민국 대표 축제'를 해마다 뽑는다. 김제지평선축제에서는 벼 수확 체험, 농악 경연 대회 등 농사와 관련된 행사를 만날 수 있다. 김제는 들이 넓어 우리나라에서 유일하게 하늘과 땅이 맞닿은 지평선을 볼 수 있는 곳이기도 하다. 화천산천어축제에서는 한겨울 꽁꽁 언 '화천천'에서 산천어 얼음낚시를 포함해 눈썰매와 봅슬레이 등 얼음과 산천어를 주제로 한 여러 체험 행사를 즐길 수 있다. 미국 시엔엔(CNN) 방송에선 이 축제를 '세계 겨울의 7대 불가사의'로 뽑기도 했다.
>
> <신문 7 사 참조>

▲강원도의 특색을 살린 화천산천어축제 포스터. 화천군에서 해마다 1월에 열리는데, 축제 기간에 외국인을 포함해 150만 명이 넘는 관광객이 찾는다.

05 문학 | 자신만의 그림 그려 후세에 우뚝 서다

『고흐 마음을 담은 그림 편지』
노성두 지음, 다림 펴냄, 120쪽

 줄거리

네덜란드 출신의 프랑스 화가 빈센트 반 고흐(1853~90)는 자기가 살던 시대의 예술가들과 다른 화가의 눈을 가졌습니다. 눈에 보이는 예쁘고 화려한 것만 아름다움이 아니라, 낡고 지저분한 것을 표현해도 화가의 정신이 담긴 그림이라면 얼마든지 예술 가치가 있다고 믿었지요. 그래서 마음으로 본 아름다움을 그림에 담으려고 노력했습니다. 그는 화가의 마음을 색으로 어떻게 표현할지 끊임없이 고민했습니다. 다른 화가들의 방법도 참고하면서 마침내 자기만의 기법을 찾아내 그렸지요. 고흐에게 영감을 준 화가와 작품도 많았습니다.

본문 맛보기

자화상 즐겨 그리면서 자신을 관찰하다

▲1888년 출품된 '작가의 초상'(50.5x65.5cm). 〈네덜란드의 반고흐미술관 소장〉

(가)고흐는 자화상을 30점도 넘게 그렸어. 잘생긴 건 아니지만 자기 얼굴을 무척 좋아했나 봐. 자화상은 모델을 고용할 비용을 절약할 수도 있지만, 자신을 응시하는 화가의 시선을 그림의 주제로 삼을 수 있다는 점에서 매력을 느꼈던 거 같아. 자화상을 그리는 화가는 자신의 눈과 거울이라는 두 가지 무기를 들고 전투에 나가지. 거울을 통해 자신을 대상화하고, 자신의 시선을 거울 속으로 던져 넣고, 거울 속의 눈을 빌려 거울 밖의 자신을 관찰하는 거야. 따라서 마음에 들지 않는 부분을 아름답게 고치거나 멀쩡한 외모를 멋대로 찌그러뜨려도 상관없어. 붓을 든 화가는 창조주처럼 전능한 존재로 변신하지. (25~26쪽)

카메라처럼 그대로 그리지 않고 감정을 표현

▲모네의 '인상 : 해돋이'(1872, 48x63cm). 검은색을 쓰지 않고 어둠 속에서 해가 떠오르는 장면을 그렸다. 〈프랑스의 마르모탕미술관 소장〉

(나)인상파 화가 가운데 프랑스의 클로드 오스카 모네(1840~1926)와 고흐의 작업 방식을 비교해 보면 화가의 생각 차이를 알 수 있어. 모네는 화가가 그림을 그릴 때 자기 판단을 넣으면 안 된다고 생각했어. 작품에 자신의 생각과 경험을 녹여 넣기를 거부한 거지. 화가의 눈은 카메라의 렌즈처럼 차갑고 투명하면 충분하다고 생각했어. 하지만 고흐는 모네의 생각과는 다르게 붓질 하나, 색의 스침 하나에도 감정과 의미가 담겨 있다고 생각했어. 카메라의 눈이 아니라 마음의 눈이 중요했던 거야. (33~36쪽)

이런 뜻이에요

인상파 자연을 색채 현상으로 보고, 빛과 함께 시시각각으로 움직이는 색채의 미묘한 변화를 순간적으로 잡아 내 그린 미술의 한 기법.

가난한 사람들의 고된 생활 그리기로 결심

(다)고흐는 광부들을 따라서 사람이 들어갈 정도로 큼직한 두레박을 타고 지하 700m의 갱도까지 들어간 적이 있었어. 하늘이 별빛만큼이나 조그맣게 보일 때까지 줄을 타고 내려가는 동안 끔찍한 뱃멀미를 경험했대. 주로 체격이 작은 광부들이었고, 심지어 어린아이와 소녀들까지 있었어. 고흐는 이들의 고된 삶을 외면하지 않기로 결심했어. 이들의 어깨를 짓누르는 건 다름 아닌 삶의 무게야. 죽을 때까지 가난을 벗어나지 못하다가 병에 걸려 쓸쓸히 죽어 가는 사람들이 가여워서 견딜 수 없었어. (39~41쪽)

▲고흐의 '광부 여인들'(1882, 32×50㎝). 〈네덜란드 크뢸러밀러미술관 소장〉

같은 소재도 다르게 해석해 그림에 담아

(라)고흐는 본보기로 삼을 만한 스승을 스스로 찾아야 했어. 그 가운데 바르비종파의 거장으로 불리던 밀레(1814~75)가 고흐의 마음에 쏙 들었어. 밀레의 수많은 작품 중에서 고흐는 유독 '씨 뿌리는 사람'을 많이 모사했어. 하지만 고흐는 같은 소재를 놓고도 해석이 전혀 달랐어. 고흐는 여동생 빌헬미나에게 보낸 편지에서 곡식과 씨앗에 대해 이렇게 털어놓았지. "너는 자연에서 많은 꽃들이 발에 밟히고, 얼어 죽고 시드는 걸 봤을 거야. 그리고 잘 익은 곡식이라도 흙으로 돌아간다고 모두 싹을 틔우는 건 아니지. 사람도 곡식에 비유할 수 있어…. 사람에게 싹을 틔우는 힘은 바로 사랑에서 나온다고 생각해." (50~54쪽)

▲왼쪽 그림은 밀레의 '씨 뿌리는 사람'(1850, 101.6×82.6㎝, 미국 보스턴미술관 소장)이고, 오른쪽은 고흐가 베껴 그린 '씨 뿌리는 사람'(1888, 64×80.5㎝, 네덜란드 크뢸러밀러미술관 소장).

이런 뜻이에요

바르비종파 1820년대 후반부터 1870년대까지 프랑스의 바르비종이란 마을을 중심으로 농촌 생활을 그린 화가들.
모사 베껴서 그림.

농부의 고단함 표현하려고 낡은 구두 그려

▲고흐의 '신발'(1886, 45×37.5cm). 〈네덜란드 반고흐미술관 소장〉

(마)한번은 고흐가 벼룩시장에서 구두를 사 오더니 새것처럼 보인다면서 일부러 험하게 신고 다녀 망가뜨린 적이 있었대. 고흐의 엉뚱한 행동에 친구들은 어리둥절했지. 하지만 고흐는 오래 신어 낡은 구두야말로 진정한 구두의 모습을 표현할 수 있다고 생각했나 봐. 끈이 풀어진 구두가 입을 시커멓게 벌리고 있어. 시커먼 구멍은 농부의 발을 감싸고 붙잡아 두었던 흔적이야. 이 구두는 저녁 바람이 소슬할 때까지 밭고랑처럼 외롭고 긴 하루의 여정을 농부와 동행했을 거야. (72~74쪽)

자신이 가장 잘 표현할 수 있는 방법 궁리

▲고흐의 '아를의 붉은 포도밭'(1888, 73×91cm, 러시아 푸슈킨미술관 소장). 고흐가 살아 있는 동안 유일하게 팔린 작품이다.

(바)고흐가 시골 생활을 정리하고 대도시 파리에 온 것은 가난에 쪼들렸기 때문이거든. 동생 테오의 도움을 받기는 했지만, 평생 후원자 노릇을 해 달라고 할 수는 없는 일이지. 고흐는 굳게 마음먹었어. 앞으로는 무조건 돈을 벌겠다고. 그리고 사람들이 좋아하는 그림만 그리겠다고. 그건 고흐가 가장 경멸했던, 현실과 타협하는 예술가의 모습이었어. 파리에서 머무른 2년 남짓이 고흐에게는 색과 빛의 사용법을 일깨워 준 소중한 시간이었어. 고흐는 내친 발걸음을 멈출 수 없었어. 남들이 이룬 업적을 배우고 흡수하는 건 즐겁고 행복한 경험이었지만, 이제는 고흐 자신에 대해 물어볼 시간이 된 거야. 자신을 찾고 자신이 가장 잘 표현할 수 있는 방법을 궁리하고 터득할 시점이 된 거지. (81~92쪽)

 생각이 쏘옥

1 고흐가 자화상을 서른 점도 넘게 그린 까닭은 무엇인가요?

2 모네는 '화가의 눈은 카메라의 렌즈 같아야 한다.'고 생각했어요. 고흐의 입장에서 모네의 생각을 꺾어 보세요.

머리에 쏘옥

자신만의 그림 세계를 가지려면

화가는 그릴 대상을 볼 때 다양한 눈으로 관찰합니다. 대상에게 자신의 감정을 넣어 마음의 눈으로 보기도 하고, 보이지 않는 것을 상상해 그리기도 합니다. 수학자나 과학자처럼 분석해 그리기도 하지요.

이처럼 여러 가지로 대상을 바라보고 그리다 보면 자신만의 독특한 그림이 완성된답니다.

▲여러 가지 눈으로 대상을 관찰하다 보면 자신만의 눈이 생겨 그림을 그릴 수 있다.

생각이 쏘옥

3 고흐가 광부 등 어려운 환경에서 생활하는 사람들의 모습을 그림으로 표현한 까닭을 설명하세요.

4 고흐는 밀레 등 존경하는 화가의 그림을 따라 그리면서 그림 훈련을 했는데, 같은 그림을 그려도 자신만의 독창적인 방법으로 그렸지요. 고흐의 그림을 창의적이라고 볼 수 있는지 자신의 의견을 말해 보세요.

머리에 쏘옥

창의성이란 무엇인가

고흐는 정식으로 그림 교육을 받지 못하고, 존경하는 화가들의 작품을 많이 모사했어요. 그러면서 그들만의 독특한 그림 기법과 색채를 표현하는 방법을 익혔지요.

그런 뒤 자신만의 독특한 표현 방법을 만들어 냈어요. 자기만의 것을 고집하지 않고, 다른 화가들의 그림을 다른 눈으로 바라보면서 훈련한 덕분에 자신만의 표현 기법을 완성할 수 있었지요.

창의성이란 지금까지 없었던 새로운 것을 생각해 내는 능력을 말해요. 하지만 완전하게 새로운 것뿐만 아니라, 새롭고 독창적인 생각으로 다시 만들어 낸다는 뜻도 포함됩니다.

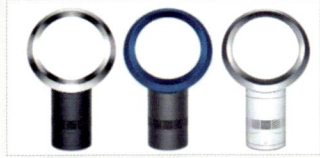

▲기존의 날개 달린 선풍기에서 날개를 없앤 선풍기. 성능도 좋지만 안전성도 갖춰 창의적이라는 평가를 받는다.

생각이 쑥

5 고흐의 '신발'을 감상한 뒤, 이 신발의 주인인 농부의 하루를 구두와 관련지어 상상해서 이야기해 보세요.

머리에 쏙쏙

농부의 고단한 생활이 밴 구두 그림

고흐는 낡은 구두 그림에 집착해 지금까지 전해지는 구두 그림만 10점이 넘습니다.

그의 그림 속 구두는 모두 낡았어요. 하지만 가죽이 두껍고 질겨서 밭일을 하기에 적당하지요. 거친 들에서 돌부리에 차이고 흙구덩이에 빠져 가면서 일해도 쉽게 닳지 않습니다.

끈이 풀어져 입을 벌린 구두는 내일도 농부의 고단한 하루와 함께할 것입니다.

생각이 쑤욱

6 고흐는 가난에 쪼들려 같은 시대의 화가들처럼 사람들이 좋아하는 그림을 그려 돈을 벌겠다고 다짐했지요. 내가 고흐라면 돈벌이를 위해 그림을 그릴지, 자신만의 그림을 그릴지 1분 동안 말해 보세요.

머리에 쑤욱

고흐를 평생 도운 동생

고흐는 평생 자신을 도와준 남동생과 17년간 900여 통의 편지를 주고받았답니다. 동생 테오가 고흐의 그림을 인정하고 계속 그릴 수 있도록 지원했기 때문에 많은 작품을 남길 수 있었지요.

▲고흐가 동생 테오에게 보낸 편지들.

생각이 쑤욱

7 한 정치인이 초등학생이 그린 '통일나무' 그림에 북한의 국기인 인공기가 들어갔다고 비난해서 문제가 된 적이 있습니다. 이 정치인에게 그림을 어떤 마음으로 감상해야 하는지 알려 주세요(300~400자).

> 한 정치인이 초등학생이 그린 '통일나무' 그림에 북한의 국기인 인공기가 들어갔다고 비난해 논란이 되었다. 이 그림은 한 은행에서 주최한 미술 대회에서 대상을 받은 초등학교 4학년 학생의 작품이다. 그 은행에서 만든 달력에 실렸다가 문제가 되었다. 그림에는 나무 왼쪽에 태극기가, 오른쪽에는 인공기가 그려져 있다. 그 정치인은 초등학생이 인공기를 안다는 것은 학교에서 인공기에 대한 교육을 했기 때문이라고 말했다. 그리고 그림의 인공기가 북한이 남한을 흡수해서 공산주의로 만드는 적화 통일을 뜻한다고 주장했다. 하지만 사람들은 통일이 되기를 바라는 아이의 바람이 담긴 그림이므로, 동심으로 보면 문제가 되지 않는다고 주장했다.
>
> <신문 기사 참조>

▲문제가 된 초등학생의 그림. 오른쪽 가운데쯤에 인공기가 그려져 있다.

06 기타 | 국민이 살기 좋은 나라는 어떤 모습일까

『내가 나라를 만든다면?』
밸러리 와이어트 지음, 토토북 펴냄, 68쪽

 줄거리

　나라를 만들려면 먼저 사람이 살지 않는 땅을 찾아야 합니다. 사이버 세계에 만들어도 되지요. 그 뒤 나라의 이름을 짓고, 국기와 국가 등을 정해야 합니다. 국민을 모을 때는 외국에 자기 나라가 얼마나 살기 좋은지 알려 이민을 오게 하거나 난민을 받아들이면 됩니다. 그리고 정부가 어떤 방법으로 나라를 운영할지 정해야 하고, 질서를 바로잡을 수 있는 법도 만들어야 합니다. 나라를 잘 다스리려면 국민에게 걷은 세금을 바르게 사용하고, 다른 나라들과 좋은 관계를 유지해야 합니다.

나라를 세우려면 국민이 살 땅부터 찾아야

▲자기 나라에 문제가 생겨 보트를 타고 다른 나라로 탈출하는 난민들.

(가)나라를 만들려면 먼저 국민이 살 땅을 찾아야 합니다. 땅을 찾고 나면 나라의 특징을 나타내는 이름과 건국 이념을 정하고, 국기와 국가도 만들어야 하지요. 국민을 모을 때는 이민자나 난민을 받는 방법이 있어요. 캐나다에서는 1900년대 초반에 이민자들에게 공짜로 땅을 나눠 준다고 하자 이민자가 많이 들어와 국민이 늘어났어요. 미국과 호주, 캐나다, 프랑스 등 많은 나라가 베트남전쟁(1960~75) 이후 보트를 타고 베트남을 떠나온 난민을 환영했지요. 군대를 앞세워 힘으로 다른 나라를 차지하는 방법도 있지만, 아주 위험합니다. (8, 10~15쪽)

국민의 대표자 뽑을 때는 공약 잘 살펴야

▲투표할 때는 후보자가 어떤 공약을 했는지 살펴야 한다.

(나)국민의 대표자를 뽑는 일은 매우 중요해요. 대표자의 결정 하나로 나라가 발전할 수도 있고, 엉망이 될 수도 있거든요. 그래서 대표를 뽑을 때는 후보자가 어떻게 살았는지, 어떤 공약을 했는지 꼼꼼히 따져 봐야 해요. 후보자들은 자기가 뽑히면 의사를 어떻게 결정할지 국민에게 적극 알려야 합니다. 이때 후보자 혼자 하기 어려운 일이 많아지면 생각이 같은 사람들끼리 모여 정당을 만듭니다. 정당은 생각이 비슷한 사람이 모여 나라의 문제를 함께 해결하려고 애쓰지요. (28쪽)

이런 뜻이에요

건국 이념 나라를 세우는 목적이 담긴 정신. 고조선은 홍익인간(모든 사람에게 고루 이익이 되게 한다)이 건국 이념이다.
이민자 더 나은 생활을 하고 싶어서 자기 나라를 떠나 다른 나라로 옮겨 가는 사람.
난민 자기 나라에서 더 이상 안전하게 살 수 없어 다른 나라로 떠나는 사람.
베트남전쟁 남북으로 갈라진 베트남의 통일 과정에서 미국과 벌인 전쟁.

본문 맛보기

법률은 국민의 재산과 안전 지키려고 만들어

(다)헌법은 국민이 편하고 안전하게 살 수 있도록 돕는 가장 중요한 법이에요. 법률은 헌법을 뒷받침하는 법입니다. 국민의 재산이나 안전을 보호하는 규칙 같은 거지요. 사람들 사이에 다툼이 생기면 서로 화해해서 풀면 좋지만 그럴 수 없을 경우 법률로 해결합니다. 법률을 만드는 일은 어렵지 않아요. 실행에 옮길 수 있다면 어떤 법이든 만들 수 있지요. 하지만 불공정한 법률을 만들면 따르는 사람이 없을 거예요. 그러니 국민이 더 나은 생활을 할 수 있는 법률을 만들어야 해요. (32, 35~36쪽)

▲법률은 국민의 재산이나 안전을 보호하기 위해 만든다.

세금으로 나라 살림 운영… 어린이도 세금 내

(라)세금은 정치인들이 나라를 잘 운영하기 위해 쓰는 돈이에요. 그런데 정치인들이 세금을 멋대로 썼다가는 다음 선거에서 투표를 통해 쫓겨나지요. 세금은 국민이 물건을 사거나 땅 또는 집을 살 때 냅니다. 개인이 돈을 벌거나 회사가 물건을 팔아 돈을 벌 때도 내야 합니다. 소득이 많을수록 세금을 더 많이 내지요. 어린이도 연필이나 과자, 음료수 등을 살 때 부가가치세를 냅니다. 하지만 모든 물건에 세금이 붙는 것은 아니에요. 쌀과 쇠고기, 배추, 흰 우유에는 세금이 붙지 않습니다. (39~40쪽)

▲소득이 많으면 세금도 더 많이 내야 한다.

이런 뜻이에요
부가가치세 상품(또는 서비스)을 사고팔 때마다 내는 세금. 상품 값의 10퍼센트(100 가운데 10)다.

본문 맛보기

나라들이 힘 합쳐야 재난 등 공통 문제 해결

▲세계가 힘을 합치면 공통 문제를 해결하는 데 도움이 된다.

(마)이웃 나라를 잘 알아두면 좋아요. 외딴섬에서 혼자 존재할 수 있는 나라는 없으니까요. 각 나라는 세계 평화 유지와 지구 온난화, 재난 구조 등 힘을 합쳐서 해결해야 할 공통 문제가 많답니다. 여러 나라의 국경을 통과하는 강을 깨끗이 청소하고 싶은가요? 다른 나라를 괴롭히는 등 평화를 어지럽히는 나라를 막아야 하나요? 더 쉽게 물건을 사고파는 방법이 필요한가요? 이럴 때 목표가 같은 나라들끼리 뜻을 모아 단체를 만들면 좋습니다. (48, 50, 53쪽)

전쟁 일으키기 전에 외교 통해 갈등 해결해야

▲유엔평화유지군은 다툼이 일어난 지역에서 위험에 빠진 사람들을 보호한다.

(바)많은 나라들 가운데 별로 마음에 들지 않는 나라도 있을 거예요. 이웃 나라가 핵무기를 만들어서 협박하거나 여러분의 땅을 자기네 땅이라고 우기나요? 그럼, 당장 대포를 겨누고 그 나라를 공격해야 할까요? 대포를 쏘기 전에 '외교'라는 무기를 먼저 써 보세요. 국민들도 위험에 빠지거나 소중한 목숨을 빼앗기는 건 원하지 않아요. 여러분도 결국 다른 나라를 괴롭히는 못된 나라와 똑같아지는 거예요. 이럴 땐 유엔에 알려서 평화유지군의 도움을 받는 것이 현명답니다. (56~57쪽)

이런 뜻이에요

외교 다른 나라와 평화적으로 관계를 맺는 일.
평화유지군 유엔에서 다툼이 일어난 지역에 파견해 평화 유지 활동을 벌이는 군대.

생각이 쑤욱

1 (나)를 참고해 선거에서 국회의원 등 바람직한 국민의 대표자를 뽑으려면 후보자의 어떤 점을 살펴야 할까요?

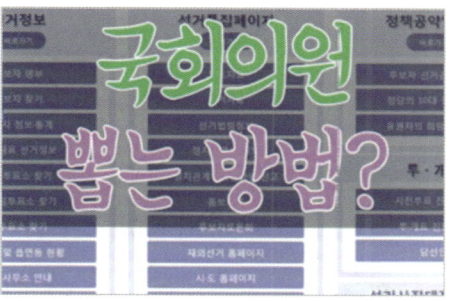

▲국회의원 등 국민의 대표자를 뽑으려면 공약부터 살펴야 한다.

머리에 쏘옥

어떤 후보자를 뽑아야 할까

국민의 대표를 뽑을 때는 후보자가 실천이 가능하고, 꼭 필요한 약속을 했는지부터 살펴야 합니다. 그리고 그 후보자가 과거에 했던 공약을 잘 지켰는지도 따져 봐야지요. 후보자들 가운데는 선거에 뽑히고 싶어서 지키기 어려운 공약을 내세우기도 하기 때문입니다.

후보자가 법을 지키면서 살았는지도 알아봐야 합니다. 교통 법규 등을 어긴 것을 가볍게 생각하면 안 됩니다. 정치인은 법을 지키는 일을 가장 중요하게 여겨야 하기 때문입니다. 과거에 도덕성이 낮다거나 성실하지 않다는 평가를 받은 사람도 찍으면 안 됩니다.

2 (가)의 밑줄 친 부분에서 나라를 세울 때 군대를 앞세워 다른 나라를 빼앗으면 안 되는 까닭을 설명하세요.

▲무력을 앞세워 다른 나라를 빼앗으면 나중에 힘이 센 나라에게 똑같이 당한다.

전쟁으로 나라를 빼앗으면 어떻게 될까

전쟁을 하면 어느 편이 이기든지 많은 사람이 죽거나 다치게 됩니다. 땅이나 건물도 못 쓰게 파괴되고, 경제도 망가져 회복하려면 오래 걸립니다. 전쟁에 참여한 군인이나 가족을 잃은 사람들은 충격 때문에 평생 정신적 고통에 시달립니다. 무엇보다 전쟁을 통해 나라를 빼앗으면 나중에 힘이 센 나라에게 다시 나라를 빼앗길 수 있습니다.

생각이 쑤욱

3 (라)에서 세금이란 무엇이며, 국민의 대표자들이 제멋대로 세금을 쓰면 안 되는 이유는 무엇인지 예를 들어 이야기해 보세요.

▲세금을 써서 경전철을 건설하면 사람들이 편리해진다. 하지만 승객이 별로 없는 데도 경전철을 만들면, 다른 중요한 곳에 쓰일 돈이 낭비된다.

4 (다)의 밑줄 친 부분을 참고해, 국민에게 꼭 필요한 법을 한 가지만 만들고, 그 법을 정한 까닭도 말해 보세요.

법 조항의 예	다른 사람의 재물을 훔친 자는 6년 이하의 징역 또는 1000만 원 이하의 벌금에 처한다.
법 조항	
법을 정한 까닭	

머리에 쏘옥

세금을 낭비하면 안 되는 까닭

세금은 나라 살림에 쓰려고 국민에게 걷는 돈을 말합니다. 예를 들면 학교와 도서관을 짓고, 공원을 만드는 데 들어갑니다.

그런데 경전철이나 공항 등을 건설할 때 효과를 잘 따져 보지 않고 사업을 벌여 세금을 낭비하는 예가 많아요. 경기도 의정부의 경전철은 2012년에 운행하기 시작했는데, 손해가 많이 나서 5년 만인 2017년에 운행을 중단했어요.

국회의원들이 당선되기 위해 잘 따져 보지도 않은 채, 공약을 내걸고 밀어붙였기 때문입니다.

'횡단보도 휴대전화 사용 금지 법'

한 보험회사가 교통사고 보험금을 내준 사건을 조사했더니, 도로를 걸을 때 발생한 교통사고의 62퍼센트(100 가운데 62)가 휴대전화를 사용하다 그랬다고 합니다. 휴대전화를 사용하면서 걸으면 자동차 소리를 알아채지 못하고 전화기의 화면과 앞만 보기 때문입니다. 따라서 횡단보도를 걸을 때 휴대전화를 사용하지 못하게 해야 합니다.

▲휴대전화를 이용하면서 걸으면 교통사고 위험이 크다.

생각이 쑤욱

5 (마)를 참고해서, 여러 나라가 힘을 합쳐야 해결할 수 있는 공통 문제를 한 가지만 들어보세요. 그리고 힘을 합쳐야 하는 까닭과 해결 방법도 제시하세요.

▲지구 온난화 때문에 거의 다 녹은 빙하 위에 위태롭게 앉아 있는 북극곰.

머리에 쏘옥

지구 온난화는 세계 공통의 문제

지구의 표면 온도가 점점 상승하며 북극과 남극 등 지구 전체의 빙하가 점점 녹아내리고 있습니다. 빙하가 녹으면 바닷물의 높이가 올라가 잠기는 땅이 늘어납니다. 또 빙하 지역에 사는 북극곰이나 펭귄 등이 멸종할 수밖에 없지요. 사람도 기후 변화가 심해져 견디기 어렵습니다.

온난화를 일으키는 주요 원인은 이산화탄소 등 온실가스가 늘어났고, 숲이 많이 파괴되었기 때문입니다.

온실가스를 줄이려면 어느 한 나라만의 노력으로는 어렵습니다. 한 곳에서 배출한 온실가스는 대기를 타고 지구 전체로 퍼지기 때문입니다.

온실가스를 줄이려면 에너지를 절약하고, 폐기물을 재활용해야 합니다. 그리고 환경을 해치는 제품을 사용하지 말고, 석유나 석탄 등 화석연료 대신 태양광이나 풍력 등 새로운 에너지를 개발해야 합니다. 숲도 많이 가꿔야 하지요.

▲개발로 파괴된 브라질의 아마존 숲.

생각이 쑤욱

6 (바)를 참고해 외교란 무엇인지 설명하고, 북한의 비핵화 문제를 평화적으로 해결하려면 북한과 미국이 어떤 자세로 협상에 나서야 하는지 1분 동안 이야기하세요.

▲북한과 미국은 2019년 2월 27~28일 베트남의 수도 하노이에서 북한의 비핵화를 위해 정상 회담을 가졌다.

머리에 쏘옥

북한 비핵화 문제의 외교적 해결 방법

외교란 국가와 국가 간의 관계를 무력을 쓰지 않고 협상을 통해 평화적으로 해결하는 기술입니다. 최소한의 희생으로 최대한의 국가 이익을 실현하는 데 목적이 있지요. 국가의 이익은 국민의 안전 보장일 수도 있고, 경제적 이익일 수도 있습니다.

북한의 비핵화 문제를 평화적으로 해결하기 위해 남한과 북한, 미국이 정상 회담을 갖는 등 외교적인 노력을 기울이고 있습니다.

협상이 성공하려면 미국이 힘이 세다고 북한에게 무조건 양보하라며 위협하면 안 됩니다. 북한도 핵폭탄을 쏘아 불바다를 만들겠다고 위협하면 안 됩니다. 무력 대결로 가면 수많은 사람이 죽거나 다치게 됩니다.

외교가 성공하려면 어느 한쪽이 완전히 이기는 게임을 하면 안 됩니다. 한 발씩 양보하는 자세가 필요하지요.

▲북한은 핵폭탄을 개발한 뒤 미국을 타격할 수 있는 미사일을 시험 발사했다.

생각이 쑤욱

7 내가 나라를 만든다면 어떤 나라를 만들고 싶은지 말해 보세요(300~400자).

우리나라는 1인당 국민소득이 3만 달러를 넘어 경제적으로는 풍요롭다. 하지만 유엔이 발표한 '2019 행복보고서'에 따르면 국민들이 느끼는 행복지수는 156개국 가운데 54위였다. '선택의 자유'가 거의 없이 태어나자마자 정해진 길을 따라 살게 되기 때문이었다. 태어난 가정 상황과 남녀 성별에 따라 많은 것이 결정되고, 대학 입시를 통해 큰 부분이 정해진다. 우리나라는 시험이 없는 자유학기제를 실시해도 자녀를 학원으로 보낸다. 풍요함 속에서도 저임금 노동자의 비율이 아주 높고, 여성의 월급은 남성 월급의 60퍼센트를 조금 넘는 수준이다. 근로 시간도 세계에서 가장 길기로 유명하다.

<신문 기사 참조>

▲노르웨이의 한 섬에서 휴가를 즐기는 가족. 북유럽 사람들은 행복지수가 무척 높다.

07 국내 문학 | 나쁜 기억을 모두 없애면 행복할까

『한밤중 달빛 식당』
이분희 지음, 비룡소 펴냄, 88쪽

 줄거리

연우는 엄마가 사고로 돌아가신 뒤 아빠랑 둘이 삽니다. 하지만 날마다 술에 취해 들어오시는 아빠 때문에 혼자 있는 시간이 많습니다. 그러던 어느 날 우연히 나쁜 기억을 돈 대신 내면 맛있는 음식을 먹을 수 있는 '한밤중 달빛 식당'에 갑니다. 연우는 친구가 떨어뜨린 돈을 몰래 주운 뒤 돌려주지 않은 기억과 엄마가 사고로 돌아가신 기억을 음식 값으로 냅니다. 하지만 행복하지가 않습니다. 연우는 나쁜 기억을 없앤다고 행복해지는 것이 아니라는 사실을 깨닫습니다.

본문 맛보기

음식 값으로 나쁜 기억을 내는 식당에 들어가

▲동호가 잃어버린 돈을 찾아서 이리저리 돌아다니고 있다.

(가)집을 나왔어. '한밤중 달빛 식당'이라는 간판이 보였어. 식당에 들어갔더니 여우 둘이 있었어. 속눈썹여우가 반기면서 메뉴판을 내밀었어. 정신이 번쩍 들었지. 돈이 없었거든. 걸걸여우가 음식 값은 '나쁜 기억' 한 개면 된다고 말했어. 그 말을 듣고 낮에 동호의 책상 밑에서 오만 원을 주운 일이 떠올랐어. 동호가 돈을 찾는 모습을 보고도 지나쳤어. 학용품과 낡은 실내화 등 살 게 많았거든. 술에 취해 들어와 새벽에 훌쩍 나가 버리는 아빠보다도 내겐 더 필요한 것들이었으니까. (5~20쪽)

음식 값으로 낸 나쁜 기억은 냉동실에 쌓아 둬

▲연우가 음식 값으로 낸 나쁜 기억도 구슬 얼음이 되어 달빛 식당의 냉동실에 보관되어 있었다.

(나)다음 날 아빠는 밤이 늦어도 집에 오지 않았어. 그래서 '한밤중 달빛 식당'에 갔지. 오늘은 나쁜 기억 두 개면 된대. 나는 값을 치르고 푸딩을 먹기 시작했어. 그때 술에 취한 아저씨가 들어왔어. 아저씨는 병으로 죽은 아내와의 추억을 음식 값으로 냈어. 음식 값은 순간, 차디찬 구슬 얼음으로 변했지. 속눈썹여우는 구슬 얼음을 보며 예쁜 추억이 들어 있다고 말하더니, 냉동실 문을 열었어. 냉동실에는 칸칸마다 사람의 이름이 붙은 얼음 상자들이 있었어. 내 이름 '연우'가 적힌 상자도 보였지. (26~34쪽)

본문 맛보기

동호 돈으로 문방구에서 실내화 산 기억 사라져

(다)등굣길에 동호를 만났어. 동호는 살 게 있다며 문구점에 같이 가자고 했어. 동호가 문구점으로 들어가자마자 주인 아저씨에게 날 가리키며 물었어. 그저께 내가 오만 원을 가져와 실내화를 사고 거스름돈을 받아 간 것이 사실이냐고. 아저씨가 그렇다고 하자, 동호는 나를 도둑으로 몰며 이래도 거짓말할 거냐며 내 어깨를 세게 밀쳤어. 하지만 나는 문방구에 온 기억도, 실내화를 산 기억도 전혀 떠오르지 않았어. 그제야 '한밤중 달빛 식당'에서 무엇을 음식 값으로 치렀는지 알 것 같았어. (36~44쪽)

▲동호는 연우가 자기 돈을 훔쳐다 실내화를 샀다고 의심했다.

나쁜 기억이 사라졌는데도 왜 행복하지 않을까

(라)어느덧 달이 중간까지 오자 갑자기 주변이 환해지는 거야. '한밤중 달빛 식당'이 따스한 불빛을 반짝거리며 내 앞에 나타났어. 걸걸여우가 힘들 때 마시면 좋은 꽃차를 주었어. 엄마가 보고 싶어지더라. 나는 용기를 내 <u>나쁜 기억이 사라지면 행복해야 되지 않느냐</u>고 물었어. 걸걸여우가 자기들은 손님 주문을 받을 뿐이라고 했어. 나는 달아나듯 나왔어. 그때 날 찾으러 나온 아빠를 만났지. 아빠는 엄마를 보낸 뒤 매일 밤 술을 마시고 늦게 들어와 나를 챙기지 못해 미안하다고 했어. (49~50, 52~53쪽)

▲연우는 나쁜 기억이 사라졌는데도 행복하지 않았다.

 본문 맛보기

음식 값으로 '엄마 잃은 슬픔' 낸 거 떠올라

▲연우는 엄마가 세상을 떠났다는 말을 듣고 머리가 아프더니 정신을 잃었다.

(마)아빠는 내일 학교에 같이 가서 친구에게 돈을 돌려주자고 말했어. 난 고개를 끄덕였어. 나는 엄마도 이 사실을 아는지 물었어. 아빠는 일부러 그러냐며 소리를 쳤어. 그 말을 듣는데, 갑자기 머리가 깨질 것 같더니 정신을 잃었어. 다시 눈을 떴을 땐 병원이었어. 나는 아빠에게 엄마는 어디 있는지 물었어. 아빠가 바닥에 주저앉으며 울었어. 엄마가 죽었다는 거야. 나는 믿기지 않았어. 그제서야 '한밤중 달빛 식당'에 두 번째 갔을 때 음식 값으로 낸 기억이 무엇인지 알았지. (53~63쪽)

잊혔던 나쁜 기억 되찾으니 오히려 기분 좋아

▲'나쁜 기억 범벅 쉐이크'를 먹으면 음식 값으로 냈던 나쁜 기억이 돌아온다.

(바)그날 밤 병원에서 몰래 나와 '한밤중 달빛 식당'에 갔어. 속눈썹여우에게 나쁜 기억을 돌려받고 싶다고 했어. 그러면 다시 슬퍼질 거래. 그래도 괜찮다고 말했어. 주문한 '나쁜 기억 범벅 쉐이크'가 나왔어. 한 모금 마셨더니 동호의 돈이 기억났어. 다음에는 엄마가 병실에 누워 있는 모습이 떠올랐고, 나쁜 기억에 숨겨져 있던 엄마의 마지막 말이 돌아왔어. 그 말은 바로 "사랑해, 기억해!"란 말이었어. 모든 기억이 돌아왔고, 머리도 아프지 않았어. 나는 기분 좋게 집으로 돌아왔어. (64~76쪽)

생각이 쑥

1 지우고 싶은 기억과 영원히 간직하고 싶은 기억을 한 가지씩 소개하고 그 이유도 말해 보세요.

지우고 싶은 기억과 그 이유	간직하고 싶은 기억과 그 이유

2 (가)의 연우처럼 사람들이 자신이 나쁜 짓을 해서 생긴 기억을 마음대로 지울 수 있다면 어떤 문제가 생길까요?

▲누군가 다른 사람의 자전거를 훔쳐 타다 길가에 버렸다.

머리에 쏘옥

기억을 마음대로 지운다면 어떻게 될까

사람들은 과거에 자신이 잘못했던 기억을 빨리 잊고 싶어 합니다. 나쁜 일을 계속 기억하면 죄책감이 들거나 마음이 불편하기 때문이지요.

누군가를 때리거나 살인을 저지른 기억을 지운다면, 죄책감을 느끼지 못하고 다시 같은 죄를 지을 것입니다. 다른 사람에게 돈을 꾸고 잊을 수도 있지요.

원하는 만큼 성적이 나오지 않아 아픈 기억을 지우면 노력을 하지 않게 됩니다. 신호를 어겨서 교통사고를 당한 기억을 잊는다면 같은 사고를 또 당할 수 있습니다.

▲가해자가 기억을 지우면 피해자는 사과를 받지 못할 수 있다.

생각이 쑤욱

3 (다)에서 동호의 거친 행동 탓에 연우는 물론 동호 스스로에게 생겼을 나쁜 기억을 추측해 보세요. 그리고 동호에게 자신의 의심도 풀고 서로 좋은 기억이 남도록 하려면 어떻게 해야 할지 조언하세요.

▲동호와 연우가 화해하려면 연우의 사정 이야기를 들어야 했다.

4 (라)의 밑줄 친 부분처럼 연우가 질문했을 때, 내가 걸걸여우라면 어떻게 대답할 것이며, 그 이유는 무엇인가요?

머리에 쏘옥

실수했다면 빨리 사과해야

동호는 연우를 의심하고 문방구로 유인해 다짜고짜 도둑으로 몰아붙였습니다. 이 바람에 기억을 잃은 연우에게는 억울한 기억이 남았겠죠. 연우를 범인으로 단정한 동호에겐 피해 의식이 생겼을 것입니다.

동호는 연우를 도둑으로 몰기 전에 연우가 아무 말도 하지 않은 이유를 물어야 합니다. 누구에게나 사정이 있게 마련이니까요. 그리고 연우가 아무리 잘못했어도 모욕감을 주는 말이나 행동부터 하면 안 되지요. 감정을 누르지 못해 상대에게 상처를 주었다면 빨리 사과하는 것이 좋습니다. 연우도 동호가 문방구 주인에게 실내화를 사고 거스름돈을 받은 사실을 확인시켰으면 기억을 잃어버려 그렇다고 솔직하게 얘기해야 합니다. 동호가 연우의 말을 믿지 않을 수도 있지만, 그래야 서로 대화를 통해 화해할 수 있는 길이 열리지요.

▲서로 잘못을 인정하고 사과하면 나쁜 기억이 생기지 않게 막을 수 있다.

생각이 쑤욱

5 (바)에서 연우가 자신의 행복한 삶을 위해, 동호가 잃어버린 돈을 몰래 주워서 쓴 기억과 엄마를 사고로 잃은 슬픈 기억을 긍정적으로 바꾸려면 어떤 노력이 필요할까요?

동호의 돈을 몰래 주워 쓴 나쁜 기억	엄마를 사고로 잃은 슬픈 기억

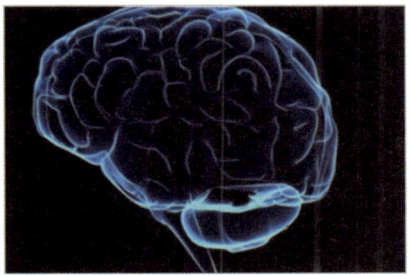

▲아무리 나쁜 기억도 마음먹기에 따라서 긍정적으로 이용할 수 있다.

머리에 쏘옥

나쁜 기억을 긍정적으로 바꾸는 방법

사람의 뇌는 가만히 있을 때도 과거에 겪은 좋지 않은 기억과 정신적 상처를 자꾸 되살려 냅니다. 그래서 나쁜 기억이 떠오를 때마다 괴롭지요. 이럴 때는 자신의 기억을 객관적으로 생각하고 좋은 방향으로 극복하려는 노력을 기울이면 됩니다. 예를 들어 이미 경험한 부정적인 일을 되새김질하면서 미래에 닥칠 나쁜 일을 주의하는 데 이용할 수 있다고 생각하는 것입니다.

동호가 잃어버린 돈을 몰래 주워 쓴 기억은, 앞으로 다시는 남의 돈을 탐내지 않겠다는 교훈으로 삼으면 좋지요. 그리고 돈을 많이 벌어서 학용품과 실내화를 사지 못하는 가난한 어린이들을 도울 것이라는 다짐을 하면서 공부를 열심히 해도 됩니다.

엄마를 사고로 잃은 슬픔은 그만큼 엄마의 사랑을 기억하는 힘이 됩니다. 엄마가 곁에 안 계셔서 외롭거나 힘들 때 '사랑한다'는 엄마의 말을 떠올리면 큰 힘이 되지요. 또 엄마를 돌아가시게 한 사고를 다른 사람들이 당하지 않게 예방하는 활동을 해도 됩니다. 그리고 엄마에게 받은 사랑을 끝까지 기억하면서 자기 자식이나 다른 사람에게 사랑을 베풀어도 됩니다.

생각이 쑤욱

6 (마) 또는 아래 제시한 내용을 참고해, '기억은 내가 존재하는 증거'라는 주제로 기억의 소중함을 1분 동안 이야기해 보세요.

우리나라는 65세 이상 인구 10명 가운데 1명꼴로 치매를 앓고 있다. 치매란 여러 원인으로 기억력 등 정신 기능이 떨어지는 현상이다. 지난 1월 2일 오후 9시쯤 강원도 삼척에서 실종된 95세 치매 노인이 3시간 만에 구조되어 가족의 품으로 돌아왔다. 가족의 신고를 받고 출동한 소방당국은 30여 명을 투입해 주변을 뒤진 끝에 집에서 3킬로미터 떨어진 뒷산에서 할머니를 발견했다. 할머니는 병원으로 옮겨졌는데, 생명에는 지장이 없다고 한다.

▲치매에 걸리면 가족도 모르고 자신이 누구인지도 모르게 된다.

<신문 기사 참조>

머리에 쏘옥

기억은 내가 존재한다는 증거

지구상의 생물체 가운데 사람만큼 기억력이 뛰어난 존재는 없습니다. 그만큼 기억은 사람과 다른 생물체를 구분해 주는 기준이 되지요.

기억은 또 사람과 사람을 구분하는 기준이 됩니다. 일란성 쌍둥이도 각자의 경험에서 얻은 기억이 다르기 때문에 자신의 존재를 증명할 수 있습니다.

이 책의 주인공 연우의 엄마는 사고로 돌아가셨습니다. 아빠나 연우, 연우네 가족을 아는 사람들에게 공통된 기억으로 남아 있지요. 따라서 엄마가 돌아가셨다는 기억을 잃은 연우가 아빠에게는 낯설어 보일 수밖에 없습니다.

우리나라에는 머리를 다치거나 뇌세포가 늙어서 기억을 잃은 치매 환자가 계속 늘어나고 있습니다. 이들은 가족과 이웃의 존재는 물론 좋은 기억과 나쁜 기억까지 모두 상실해 자기가 누구인지조차 알지 못하기도 합니다. 이처럼 기억을 잃으면 자기의 존재를 잃는 것과 같은 것입니다. 사람은 나쁜 기억도 간직하고 살아야 극복하기 위해 노력하는 과정에서 자기를 확인하고 행복해질 수 있답니다.

생각이 쑤욱

7 이 책과 아래 글을 바탕으로, 행복한 생활을 위한 나만의 기억 활용법을 말해 보세요(300~400자).

> 세상에 태어날 때부터 항상 행복하게 살거나 불행하게 살도록 결정지어진 사람은 없다. 살다 보면 누구나 행복한 일도 겪고 불행한 일도 겪는 법이다. 어린 나이에 부모님을 잃는 등 큰 불행을 겪었다면, 그 불행이 조금 일찍 찾아왔을 뿐이다. 불행한 일이 닥쳤다고 자신은 사랑을 받지 못할 사람이라고 생각하거나, 하는 일마다 잘 안 돼 운이 없는 사람이라고 생각하면 안 된다. 살면서 겪는 모든 일은 어떻게 생각하는지에 따라 자신을 성장시키는 경험이 될 수도 있고 독약이 될 수도 있다.
>
> <신문 기사 참조>

▲어려움을 겪어도 늘 감사하게 생각하는 마음을 가지면 행복해진다.

08 국내 문학
마음이 부유해야 참된 부자

『옹고집전』
김회경 지음, 웅진주니어 펴냄, 120쪽

 줄거리

옹고집전은 조선 후기에 등장한 부자들의 모습을 엿볼 수 있는 작품입니다. 옹고집은 자기 재산만 믿고 사람답지 못한 행동을 일삼는 부자들의 잘못된 행동을 보여줍니다. 돈을 모으기 위해 양심을 버리고, 자신을 낳은 어머니를 함부로 대하며, 아랫사람을 무시하지요. 그런 부자들에게 벌을 주고 싶은 마음이 가짜 옹고집을 탄생하게 만들었답니다.

본문 맛보기

온갖 심술 다 부리며 못된 짓 일삼아

▲옹고집은 길을 알려 주겠다고 봉사의 손을 억지로 잡아끌어 개천에 빠뜨렸다.

(가)옹고집은 박 서방을 찾아가 꿈에서 빌려준 돈을 내놓으라고 합니다. 초상집에 가서는 거짓 장부를 보여 주며 죽은 사람이 자기에게 돈을 빌렸으니 갚으라고 하지요. 그리고 지나가던 봉사에게 길을 알려 주겠다면서 억지로 손을 잡아끌어 개천에 빠지게 만들지요. 한술 더 떠 늙은 어머니가 약을 지어오라고 하자 늙었으면 병들어 죽는 게 당연한 일인데, 돈이 아깝게 쓴 약을 왜 먹으려고 하냐며 쏘아붙입니다. 심지어 나이가 들면 적게 먹어야 건강해진다고 밥도 주지 않았습니다. 어머니는 기가 막혀 통곡했습니다. (13~21쪽)

화나게 했다며 스님을 몽둥이로 마구 때려

▲옹고집의 집에는 재물이 많아서 부자로 소문이 나 있었다.

(나)옹고집의 집에 취암사 스님이 찾아 왔습니다. 스님은 옹고집에게 시주를 하면 옹 씨 가문이 길이 부귀를 누리고 자식 풍년이 들기를 빌겠다고 했습니다. 그런데 옹고집은 친척들이 잘사는 꼴은 배가 아프고 눈꼴시어 못 볼 일이라며 시주를 거절합니다. 스님은 재산을 쌓고도 마음이 어질지 못하면 불쌍한 사람이라며, 이제라도 마음을 고쳐먹고 착하게 살면 참된 부자가 될 수 있다고 충고했습니다. 옹고집은 그 말에 화가 나서 스님을 꽁꽁 묶은 뒤 몽둥이로 때렸습니다. (27~31, 45쪽)

> **이런 뜻이에요**
> **봉사** 시각 장애인을 낮춰 부르는 말.
> **시주** 절이나 스님에게 돈 또는 물건을 기부하는 일.

본문 맛보기

가짜 옹고집 만들어 진짜와 다투게 해

(다)스님은 취암사에 돌아와 지푸라기로 옹고집을 닮은 허수아비를 만든 뒤 주문을 외워 생명을 불어넣었습니다. 옹고집이 외출했다가 집으로 돌아왔는데, 자신과 똑같이 생긴 사람이 있었습니다. 둘은 서로 자기가 진짜라면서 다퉜습니다. 가짜 옹고집이 며느리에게 다가가 옛날에 있었던 일을 술술 늘어놓았습니다. 며느리는 시아버지의 정수리를 보면 알 수 있다며, 두 사람의 머리를 잡고 헤치기 시작했습니다. 잠시 뒤 며느리는 가짜 옹고집이 진짜라고 말했습니다. (47~63쪽)

▲진짜 옹고집과 가짜 옹고집은 자기가 진짜라며 서로 다퉜다.

가짜보다 집안 일 몰라 곤장 맞고 쫓겨나

(라)부인과 아들도 진짜 옹고집이 누구인지 몰랐습니다. 이때 김별감이 와서 두 옹고집을 관아로 데려갔습니다. 사또는 두 옹고집에게 가진 재산을 적으라고 했습니다. 진짜 옹고집은 열 장을 채웠습니다. 그런데 가짜 옹고집은 자식도 재산이라고 생각해 계속 적었습니다. 첫째 아들과 둘째 아들의 과거와 현재에 대해서도 자세히 적었습니다. 사또가 옹고집네 가족을 모두 불러 그 내용을 하나하나 확인했더니, 가짜 옹고집이 쓴 내용이 꼭 맞았습니다. 결국 진짜 옹고집은 곤장을 맞고 마을에서 쫓겨났습니다. (74~90쪽)

▲김별감은 두 옹고집에게 관아에 가서 누가 진짜인지 가려보자고 말했다.

이런 뜻이에요

별감 옛날 지방에 일이 있을 때 조사하려고 보낸 임시 벼슬.
관아 벼슬이 있는 사람들이 모여 나랏일을 처리하던 곳.
사또 조선 시대 한 지방을 관리하던 사람을 뜻하는 말. 원님이라고도 불렀다.

본문 맛보기

스님과 거지들을 괄시했던 옛날 행동 후회

▲옹고집은 잠을 잘 곳이 마땅치 않아 남의 집 외양간에 들어가서 자기도 했다.

(마)옹고집은 이집 저집 기웃거리면서 밥을 얻어먹었습니다. 하지만 3일 동안 밥 한 끼를 먹지 못할 때도 있었습니다. 그래도 죽지 않고 간신히 살아남았습니다. 봄과 여름, 가을에는 하늘을 지붕 삼아 잠을 잤습니다. 하지만 겨울에는 그럴 수 없어 남의 집 외양간에 들어가 자다가 소 오줌을 맞기도 했습니다. 남의 집 헛간에 들어갔다가 개가 달려들어 줄행랑도 여러 번 쳤습니다. 그럴 때면 시주하러 온 스님과 거지들을 괄시했던 옛 생각이 나서 후회했습니다. 어머니와 자식이 보고 싶었지만 돌아갈 수 없었습니다. (106쪽)

스님이 가짜 사라지게 할 부적 내 줘

▲진짜 옹고집이 가짜의 이마에 스님이 준 부적을 붙이자 허수아비로 변했다.

(바)옹고집이 취암사에 가서 탑을 돌았습니다. 탑돌이를 끝낸 옹고집이 높은 산을 올려다 보는데 눈물이 뚝뚝 떨어졌습니다. "더 살아 무엇하리!" 옹고집은 절에서 나와 산속 깊이 들어갔습니다. 그리고 벼랑 끝에서 발을 번쩍 들었습니다. 그때 옹고집 앞에 스님이 나타났습니다. 스님은 자기가 가짜를 만들었다면서 옹고집에게 가짜를 사라지게 할 부적을 하나 내주었습니다. 집에 돌아온 옹고집이 가짜 옹고집의 이마에 부적을 붙이니 허수아비로 변했습니다. 옹고집이 그걸 보고 껄껄 웃었습니다. (110~118쪽)

이런 뜻이에요

괄시 상대방을 우습게 여겨 행동을 함부로 함.
부적 잡귀나 재앙을 물리치기 위해 붉은색으로 글씨를 쓰거나 그림을 그린 종이.

생각이 쑤욱

1 (다)에서 스님이 가짜 옹고집을 만든 까닭은 무엇인가요?

▲옹고집은 돈을 모으기 위해 다른 사람들에게 고통을 주는 일을 당연하게 생각했다.

2 (라)에서 얻을 수 있는 교훈을 1분 동안 말해 보세요.
☞옹고집은 평소 어머니에게 불효하고, 자식들을 소중하게 생각하지 않은 점을 알 수 있습니다.

머리에 쏘옥

옹고집전과 조선 후기의 부자들

옹고집전은 '장자못 설화'가 바탕이 되었다고 합니다. 인색하고 포악하기로 소문난 부자인 장자의 이야기지요.

장자는 시주를 하라는 스님의 바랑에 쌀 대신 쇠똥을 넣어 주었습니다. 그런데 며느리가 지켜보다가 몰래 쌀을 담아 주었지요. 그러자 스님이 "살려면 지금 나를 따라오되 절대로 뒤돌아보지 말라."라고 당부합니다. 하지만 며느리는 집을 떠나 산을 오르다 갑자기 나는 큰 소리에 자기도 모르게 돌아보았죠. 그리고 자기 집이 연못으로 변한 모습에 놀라 바위로 굳어졌다고 합니다.

옹고집전은 재산을 모으는 데만 관심을 두고, 못된 짓을 일삼던 조선 후기 부자들의 모습을 그대로 보여 줍니다.

생각이 쏘옥

3 (나)에서 스님이 재산이 많은 옹고집에게 참된 부자가 아니라고 말한 까닭은 무엇인가요?

▲미국의 컴퓨터 소프트웨어 회사인 마이크로소프트를 세운 기업가 빌 게이츠(1955~)는 '기부왕'으로도 불린다.

머리에 쏘옥

'기부왕' 빌 게이츠

빌 게이츠는 컴퓨터 소프트웨어 회사인 마이크로소프트를 세워 세계적으로 손꼽힐 만큼 돈을 많이 벌었습니다.

그런데 그는 40대에 시작해 지금까지 40조 원을 기부해 '기부왕'으로 불립니다. 빌 게이츠는 기부가 의미 있고 재미있는 일이라고 말합니다. 그는 특히 집안이 가난해서 학업을 포기해야 하는 학생들을 적극 돕습니다.

빌 게이츠에게는 자녀 셋이 있는데, 자녀들에게는 자기 재산의 1퍼센트도 안 되는 금액만 유산으로 물려주겠다고 합니다.

4 (가)를 참고해서, 돈을 많이 모으는 것보다 모으는 방법이 더 중요한 까닭을 옹고집의 예를 들어 설명하세요.

▲옹고집은 돈을 꾸어 갔다고 가짜로 꾸민 장부를 보여 주며 사람들의 돈을 빼앗았다.

생각이 쏘옥

5 (마)와 (바)를 참고해, 스님이 진짜 옹고집에게 가짜를 없앨 부적을 준 것처럼 판사의 입장에서 진짜 옹고집에게 사면장을 줘 보세요.

☞ 사면장이란 죄를 용서해 벌을 없애 준다는 내용이 적힌 문서입니다. 지은 죄를 나열하고, 사면하는 까닭을 적으면 됩니다.

사면장

주소 : 옹당마을

성명 : 옹고집

위 사람은 _____

_____

_____

_____

_____

_____

_____

이에 사면장을 발부합니다.

○○○○년 ○○월 ○○일
판사 ○○○

머리에 쏘옥

잘못 뉘우친 옹고집을 용서하다

옹고집은 마을에서 쫓겨나 온갖 고생을 하며 살았어요. 고생을 해 보니 그동안 자신이 얼마나 잘못을 저질렀는지 깨달을 수 있었지요. 도움을 청하는 거지와 스님을 함부로 대한 옛날 일이 떠올랐지요. 옹고집은 자신의 잘못을 진심으로 반성하면서 눈물을 흘렸습니다.

스님은 옹고집이 새 사람이 되었다고 판단해, 과거의 잘못을 용서하고 자기를 찾을 수 있도록 도왔습니다.

▲스님은 옹고집이 새 사람이 되었다고 믿어 잃어버렸던 자기를 다시 찾을 수 있는 부적을 내주었다.

생각이 쑤욱

6 나를 위해 돈을 썼을 때와 남(가족 제외)을 위해 돈을 썼을 때 느낄 수 있는 행복이 어떻게 다른지 비교해 보세요.

나를 위해 돈을 썼을 때 행복한 점	남을 위해 돈을 썼을 때 행복한 점

머리에 쏘옥

기부하면 느낄 수 있는 행복

남을 위해 돈을 쓰면 나를 위해 돈을 쓸 때보다 더 큰 행복을 느낄 수 있다고 합니다.

남에게 도움을 주면 뿌듯하다는 생각이 드는데, 심장과 혈관, 우울증에 도움이 되는 호르몬(세로토닌)과 지방간과 당뇨병에 도움 되는 호르몬(옥시토신)이 많이 나오기 때문이랍니다. 이들 호르몬은 면역력을 높여 건강에 도움을 준답니다.

또 보람을 느낄 때 나오는 쾌감이 좋은 에너지를 만들어 일도 잘할 수 있게 돕는답니다. 그래서 수입도 늘고 사람들에게 인정을 받는 사람이 된답니다.

▲기부하면 보람을 얻는다.

7 부자일수록 나눔의 모범을 보여야 하는 까닭을 설명하세요(300~400자).

2018년에 세상을 떠난 구본무 LG그룹 회장이 '소록도 할매천사'로 알려진 오스트리아의 마리아네 스퇴거 간호사(1934~)와 마르가리타 피사레크 간호사(1935~)에게 LG복지재단을 통해 매달 수백만 원의 생활비를 지원한 사실이 뒤늦게 알려졌다. 두 간호사는 전남 고흥군 소록도병원에서 40년간 한센병 환자를 돌봤다. 구회장은 그들이 2005년 고향으로 돌아간 뒤 최저 수준의 연금으로 생활한다는 소식을 들었다. 그래서 매달 생활비를 지원했다. 구회장은 평생 기업인으로서 다른 사람의 모범이 되려고 애썼다.

<신문 기사 참조>

▲'소록도 할매천사'를 도운 구본무 LG그룹 회장.

09 국내 문학
'딴지 가족' 모두를 위해 딴죽을 걸다

『딴지 가족』
김하늬 지음, 개암나무 펴냄, 136쪽

줄거리

딴지 가족은 날마다 딴짓감을 찾습니다. 길가에 쓰레기를 버린 친구나 조금 늦게 배송한 택배원 등 모두가 딴지 가족의 먹잇감이에요. 모처럼 가족이 나들이를 나섰다가 사사건건 딴죽을 걸고, 뱀에 물릴 뻔해 경찰서까지 가서 소동을 피우지요. 딴지 가족은 모든 일이 나와 가족, 국가와 인류를 위해 문제를 바로잡는 것이라고 생각합니다. 원래 딴지 가족은 아주 순박한 사람들이었는데, 딴지의 팔 수술이 잘못된 뒤 더 이상 당하고 살지 않겠다며 까칠한 투사 가족으로 변했어요. 하지만 나중에는 모두가 좋아지기 위해 딴죽을 거는 얼짱 가족으로 변신합니다.

본문 맛보기

딴지는 학교에서 '고발 대장'으로 소문 나

▲딴지는 친구들의 잘못을 선생님께 고자질했다.

(가)딴지는 망원경과 녹음기 등을 챙기고, 문구점 앞 은행나무 뒤에서 상자를 뒤집어썼어요. 딴지가 상자 구멍으로 바깥을 살피는데, 할머니가 상자를 발로 깔아뭉갰어요. "너 그 안에서 뭣 했냐? 이름은 뭣이고?" "할머니, 걔 우리 학교 고발 대장이에요! 혼 좀 내 주세요!" 돌발 상황이었죠. 조례 시간이 끝나자, 딴지가 손을 들었어요. "선생님, 복도에 휴지를 버리고 벽에 낙서를 하는 것, 신호등 빨간불에 길을 건너는 건 좋은 행동인가요, 나쁜 행동인가요?" 딴지가 휴대전화로 찍은 사진까지 꺼내며 말하자, 정환이가 딴지에게 달려왔어요. "고발 대장아, 너희 가족이 그 소문난 딴죽 가족이라며?" "우리가 사회 정의 구현을 위해 얼마나 많은 노력을 하는지 알아?" (9~13, 15, 17~18, 21쪽)

가족들 모두 각자 저녁에 고발한 일로 회의

▲딴지 엄마는 귤이 늦게 도착했다며 택배기사에게 따졌다.

(나)저녁 시간에 딴지네 가족이 식탁에 모였어요. "오늘은 자신과 우리 가족, 국가와 인류를 위해 어떤 좋은 일을 했니?" 딴지는 학교에서 있었던 일, 아빠는 제때에 퇴근한다고 부장님에게 따진 일 등을 얘기했어요. 특히 엄마는 당일 배송이라서 산 귤이 늦게 도착하자 택배기사에게 쏘아붙였지요. "규칙을 정했으면 지켜야지, 그게 신용 사회의 기본 아닌가요? 어머! 상한 귤도 자그마치 여섯 개나 되네요. 좀 귀찮긴 해도 우리부터 잘못된 걸 하나하나 바로잡아야 해." 엄마는 상한 귤 사진을 판매 업체 홈페이지에 올렸고, 다음 날 깍듯한 사과와 함께 특등품 귤 한 상자를 받았어요. (23, 25~29, 31~32, 35, 41쪽)

이런 뜻이에요

구현 어떤 것을 실제로 나타냄.

본문 맛보기

외출해서 가는 곳마다 트집 잡아 싸우기 일쑤

(다)딴지 가족은 모처럼 기분 좋게 외출했지만, 도로에서 끼어드는 차 때문에 분을 참지 못했고, 옷 가게와 식당에서 트집을 잡으며 투덜거렸어요. 어느새 거리는 어두워졌고, 무거운 다리를 겨우 옮기는데 커다란 뱀이 딴지의 발 밑에서 혀를 날름댔어요. "딴지야, 거기 막대 좀 주렴! 너희는 어서 119에 신고해. 경찰들, 기자들도 다 오라고 해! 사진부터 찍고!" 다행히 아빠가 뱀을 갉는 사이 경찰이 뱀을 잡았지요. 아빠는 거칠게 따졌고, 경찰서에서 기자들과 인터뷰를 했어요. 딴지는 아빠의 뒤통수에서 연기 같은 게 피어오르는 걸 보았어요. '저게 뭐지? 아지랑이? 이무기? 용?' (41, 44~45, 50~59쪽)

▲딴지 아빠는 도로에서 끼어드는 차 때문에 화가 났다.

저녁 식사 하며 서로 트집 잡아 가족끼리 다퉈

(라)딴지 할아버지는 집에서만 큰소리치고, 남에게 싫은 소리를 못했어요. 그래서 아빠는 성공해서 꼭 바른말을 하는 힘 있는 사람이 되고 싶었지요. 집에 돌아와 엄마는 서둘러 저녁을 차렸어요. 종일 딴지 거느라, 아니 잘못된 문제를 바로잡느라 지친 딴지 가족은 말없이 식사를 하다가 "밥이 서걱거려요." "해물탕 국물이 수상한데." "딴지야, 쩝쩝거리지 마라."라며 서로 잡아먹을 듯 노려보았죠. 딴지는 재작년에 수술한 팔을 북북 긁다가 갑자기 눈을 하얗게 뒤집으며 쓰러졌어요. 딴지가 정신을 차렸을 때, 식구들이 이무기처럼 보였어요. (60~63, 69~72, 75, 79쪽)

▲딴지 아빠는 바른말을 하는 힘 있는 사람이 되고 싶었다.

이런 뜻이에요

이무기 전설에 등장하는 상상의 동물로 용이 되기 전 상태의 동물. 여러 해 묵은 구렁이를 말하기도 한다.

본문 맛보기

우리를 위해 딴지 걸며 남을 위한다고 포장

▲딴지 아빠는 회사에서 대기 발령 통보를 받았다.

(마)딴지 가족은 어수룩했는데, 딴지의 팔 때문에 180도 변했죠. 딴지가 2학년 때, 철봉에서 떨어져 수술을 했지만 팔이 구부정했어요. 아빠 후배는 싸움의 기술을 가르쳐 주었죠. "우두머리에게 깽판을 부리고, 고발도 해요." 결국 아빠는 나박해 의사 선생님에게 재수술 각서를 받았고, 약육강식의 시대에 이기는 자가 강하다고 했어요. 며칠 뒤, 아빠는 회사에서 대기 발령이 났다는 연락을 받고 사장실로 쳐들어갔어요. "말이 안 통하는 사람하고는 같이 일을 못하겠다고 하더군." 사장님에 이어 부장님도 말했어요. "세상을 넓은 눈으로 바라보게. 자네 눈에 보이는 게 전부는 아닐세." 아빠는 문제를 인정했어요. "우리는 우리를 위해 딴지를 걸면서 남을 위한다고 포장했어." (80~84, 87, 89, 92, 99~101, 106쪽)

모두가 좋아지는 딴지 걸기로 제안

▲딴지 가족은 모두를 위한 얼짱 가족으로 변신했다.

(바)딴지는 병원에 실려가 재수술을 받아야 했어요. 나박해 선생님이 없어 각서는 쓸모없었죠. 딴지가 수술을 받는 동안, 아빠는 공원에서 개에게 똥을 누이고 그냥 가는 것을 보았어요. 아빠는 따지려다 각서로 개똥을 쓸어 담았고 시끄럽던 마음이 편해졌어요. 아빠는 부장님을 찾아가 말했어요. "저는 사람들과 교감하고 공감하는 능력이 떨어졌습니다. 용서하십시오!" 아빠는 가족들에게 새로운 제안을 했어요. "앞으로도 우리는 열심히 딴지를 걸 거다. 하지만 명심해야 한다. 첫째, 이 말을 해서 우리 모두 좋아지는가? 둘째, 이 행동을 해서 우리 모두 좋아지는가? 우리는 이제 얼이 짱짱한 얼짱 가족이야!" (110, 116, 118, 123, 125, 128~129쪽)

이런 뜻이에요

약육강식 '약한 자는 강한 자에게 먹힌다.'는 뜻으로, 강자가 약자를 지배하는 세상 이치를 말함.
대기 발령 회사에서 근로자에게 일정 기간 일을 주지 않거나 개인 사정으로 일을 쉬게 하는 명령.

생각이 쑤욱

1 딴지의 가족이 '사회 정의를 실현한다.'고 주장하면서 한 일을 한 문장으로 말해 보세요.

2 딴지의 친구 입장에서 딴지가 잘못된 행동을 바로잡도록 기분이 나쁘지 않게 1분 동안 설득하세요.

머리에 쏘옥

고자질

고자질은 남의 잘못이나 비밀을 일러바치는 행동을 말합니다. 조선 시대 궁궐에서 지내던 내시들이 어렸을 적에 거세를 하는 바람에 수다스러워져서 비밀을 옮기곤 했답니다. 그래서 고자들이 속닥속닥 귀엣말을 하는 것을 고자질이라고 했지요.

'똥 묻은 개가 겨 묻은 개 나무란다.'는 속담이 있는데, 자신의 잘못은 돌아보지 않고 다른 이의 잘못만 들추는 사람을 부정적으로 봐서 고자질쟁이라고 합니다.

▲고자질은 다른 사람에게 환영을 받지 못한다.

생각이 쑤욱

3 딴지 엄마처럼 요즘 상품을 산 뒤 일부러 트집을 잡아 인터넷 등에 올리는 소비자들이 있는데, 이렇게 되면 기업이 어떤 피해를 당할까요?

▲일부러 트집을 잡아 인터넷에 올리는 소비자들 때문에 기업이 피해를 당하기도 한다.

4 딴지 아빠는 바른말을 하는 힘 있는 사람이 되고 싶었습니다. 하지만 자기중심적으로만 말해 가는 곳마다 갈등을 일으킵니다. 사회가 발전하는 데 필요한 바른말은 어떤 것일까요?

▲민주주의 사회에서는 질서와 도덕을 지키자는 목소리가 필요하다.

머리에 쏘옥

블랙컨슈머 왜 나쁜가

'고객은 왕'이라는 말이 있습니다. 하지만 제품을 산 뒤 일부러 트집을 잡아 기업에게 부당한 이익을 챙기려는 소비자들이 있습니다. 이를 '블랙컨슈머'라고 하는데, SNS(소셜네트워크서비스)가 발달해 상대하기가 더욱 어렵다고 합니다.

생트집을 잡는 게시물이 SNS를 타고 빠르게 퍼지면 바로잡기가 어렵지요. 물건을 판 기업이 책임이 없다는 결론이 나와도 소비자들은 잘 모르는 게 현실입니다.

블랙컨슈머는 대다수가 물건을 바꿔 달라거나 환불을 요구하기도 합니다. 또 제품에 문제가 있다는 등의 거짓 정보를 퍼뜨리겠다고 협박하면서 보상금을 내놓으라고 합니다.

이렇게 되면 거짓 정보가 퍼져서 그 기업의 제품이 잘 팔리지 않습니다. 또 소비자들은 그 기업을 부정적으로 생각하게 되지요. 결국 이런 일이 벌어지면 업체들의 경쟁력이 약해져 소비자들도 좋은 제품을 살 수 없게 됩니다.

생각이 쑤욱

5 (바)의 밑줄 친 부분을 참고해 여우와 두루미가 화해하는 내용으로 아래 글의 뒷이야기를 지어 보세요.

여우는 자기 생일에 두루미를 초대한 뒤 맛있는 음식을 접시에 담아 내놓았다. 하지만 두루미는 부리가 뾰족하기 때문에 음식을 먹을 수 없었다. 이번에는 두루미가 여우를 집으로 초대해서 주둥이가 좁은 호리병에 음식을 담아 내놓았다. 여우도 호리병 속의 음식을 구경만 할 수밖에 없었다.

▲공감이란 상대방의 입장이 되어 기분을 이해하는 것이다.

머리에 쏘옥

공감 능력

공감 능력은 다른 사람의 상황이나 기분을 함께 느낄 수 있는 능력을 말합니다. 가족들이 서로 공감하지 못하면 갈등이 많이 생길 것입니다. 가족들이 친할수록 서로 공감하는 부분이 많은 것이죠.

집단을 이끄는 리더라면 특히 타인과 공감하는 능력이 꼭 필요합니다. 따라서 리더가 집단을 잘 이끌려면 구성원들의 의견에 모두 동의할 수는 없어도, 그들의 처지와 감정을 배려해야 합니다.

▲2007년 미국 대통령 선거 유세 때 공감 능력을 강조한 버락 오바마(1961~) 전 대통령.

생각이 쑤욱

6 딴지 가족이 까칠한 투사였을 때와 얼짱(얼이 짱짱한) 가족이 된 뒤를 비교해 아래 주어진 상황에서 말이나 행동이 어떠했을지 추측해 보세요.

상황	까칠한 투사	얼짱 가족
이웃이 딴지네 집 앞에 주차했다. (39쪽)	"경찰에 신고할 겁니다. 질서와 도덕을 중시해야 진정한 정의가 구현되는 겁니다!"라며 이웃에게 소리를 지름.	
도로에서 차가 깜빡이를 켜지 않고 갑자기 끼어들었다. (41쪽)	"깜빡이는 폼으로 달아 났나. 그렇게 바쁘면 어제 아침에 출발하지 그랬어?"라며 브레이크를 밟고 욕을 함.	
어묵에 머리카락이 하나 떨어져 있다. (124쪽)		"아이고, 괜찮습니다. 사람이 너무 깨끗한 척하면 인정이 없는 법이지요. 하하하!"라며 유쾌하게 웃어 줌.

역지사지

'역지사지'는 입장을 바꿔 다른 사람의 처지에서 생각한다는 말입니다. 서로 처지를 바꿔 생각해 보고, 다른 사람을 배려하자는 말이지요.

사람들 간의 다툼은 대개 자기 주장만 내세우는 데서 시작됩니다. 따라서 다른 사람 때문에 화가 날 때 입장을 바꿔 조금만 양보하면 다툼이 줄어들 것입니다.

▲역지사지는 입장을 바꾸어 다른 사람의 처지를 생각하는 것이다.

 생각이 쑤욱

7 다른 사람과 공동체 생활을 하려면 공감 능력이 중요한 까닭을 설명하고, 아래 기사를 참고해 어린이들이 반려견을 키우면서 가져야 할 자세를 말해 보세요(300~400자).

유명 음식점의 대표가 아파트 엘리베이터에서 다른 사람의 반려견에게 물려 치료를 받다 숨졌다. 이 개는 사고 당시 목줄이나 입마개를 하지 않았다. 개에게 물리거나 놀라는 등의 사고로 병원에서 치료를 받는 사람들이 늘어나고 있다. 이처럼 개에게 물리는 사고가 많은 까닭은 개 주인들이 '우리 개는 안 문다.'는 자기 중심적인 생각 때문이다. 자신에게 소중하고 귀여운 반려견이라 해도 남들에게는 위협이 될 수도 있다. 반려동물을 키우는 인구가 1000만 명을 넘는데, 법보다 중요한 것은 반려 동물을 키우는 데 따르는 예절과 책임을 다하는 시민 의식이다.

▲반려견 놀이터에서 노는 강아지들.

<신문 기사 참조>

10 세계 문학 | 마음 터놓으면 누구라도 친구 될 수 있다

『화요일의 두꺼비』
러셀 에릭슨 지음, 사계절 펴냄, 104쪽

 줄거리

두꺼비 워턴은 형 모턴과 딱정벌레 과자를 맛있게 먹다가 멀리 떨어져 있는 고모에게도 과자를 전하고 싶다고 합니다. 형은 한겨울이라 춥고 위험하다고 말리지만, 고집을 부리고 출발합니다. 불행하게도 워턴은 숲에서 올빼미 조지에게 잡히고 맙니다. 외톨이였던 조지는 워턴을 잡아먹지 않고 어느 정도 마음을 엽니다. 하지만 워턴이 탈출하려고 만든 줄사다리가 발견되면서 사이가 서먹해집니다. 워턴은 조지가 집을 비운 사이 사슴쥐들의 도움을 받아 탈출합니다. 앞서 워턴은 눈밭에 처박힌 사슴쥐들을 구해 주었지요. 그런데 조지가 여우에게 잡혀 죽을 위기에 놓이자 워턴이 나서서 구하고, 둘은 친구가 됩니다.

본문 맛보기

한겨울 위험 무릅쓰고 과자 가지고 떠나

▲워턴은 맛있는 과자를 가지고 용기를 내 고모 집으로 떠난다.

(가)바람 부는 겨울 밤, 눈 쌓인 저 땅 밑에서 두꺼비 형제가 말다툼을 하고 있었습니다. "이렇게 맛있는 딱정벌레 과자는 처음이야. 이번 주에 툴리아 고모한테 가져다 드릴 테야." 동생 워턴은 형 모턴이 만든 과자를 먹으며 말했습니다. "밖은 한겨울이야. 땅 위로 나가면 몸이 꽁꽁 얼어 버릴 거야. "스웨터 세 벌과 외투 네 벌을 껴입고, 장갑을 끼고 모자를 쓰는 거야. 눈밭에서는 스키를 타야지." 워턴은 사흘 동안 참나무 뿌리로 스키를 만들었고, 수요일 아침, 옷을 껴입고, 모턴이 만든 조그만 배낭을 메고 고모 댁으로 떠났습니다. 배낭 맨 밑에는 딱정벌레 과자 상자가 들어 있었지요. (4~12쪽)

올빼미 생일에 잡아먹힐 위기에 놓여

▲자기 생일에 워턴을 잡아먹겠다고 말하는 올빼미 조지.

(나)워턴은 스키를 타고 달리다 눈을 파헤치던 청설모와 부딪치기도 하고, 그루터기에서 점심을 먹다 눈밭에 거꾸로 처박혀 있던 사슴쥐를 구해 주기도 했습니다. 사슴쥐는 골짜기로는 절대 가지 말라고 당부하고, 빨간 목도리를 선물로 주며 "이 목도리를 두르면, 내 친구라는 걸 알고 어려운 일을 당하면 반드시 도와 줄 거야."라고 말했습니다. 숲을 벗어날 무렵, 올빼미가 워턴을 발톱으로 움켜잡더니 참나무 꼭대기 집으로 데려갔습니다. "이름이 뭐야?" "워턴." "나는 워티라고 부르겠다. 참 안됐군. 여섯 밤만 자고 화요일이면 내 생일이야. 한겨울에 두꺼비를 잡았으니, 난 특별한 생일 선물을 얻은 셈이지. 그날까지는 네 맘대로 해도 돼." (14, 16~21, 29, 30~31쪽)

본문 맛보기

서로 이야기 들어주자 조금씩 가까워져

(다)워턴은 땅이 꺼져라 한숨을 쉬고는 배낭에서 양초를 꺼내 켜더니 자기 주위를 정리했습니다. 명랑한 성격을 타고난 워턴은 콧노래까지 흥얼거렸지요. "넌 이름이 뭐야? 친구들은 뭐라 부르는데." "친구 없어." "참 안됐구나." "난 친구 따윈 필요 없어. 내 이름이 있다면 조지가 좋겠다." 워턴은 배낭에서 꺼낸 차를 끓였고, 조지는 퉁명스럽게 말하면서도 촛불 앞에 워턴과 마주 앉아 차를 마셨지요. 조지는 천둥치는 비바람 속에 갇혔던 이야기, 커다란 벌집에 부딪힌 뒤로 겁이 나서 밤에 돌아다닐 수 없게 된 이야기를 했고, 워턴은 낄낄거리며 웃었어요. 워턴이 이야기할 때는 올빼미가 귀를 기울였습니다. (32~42쪽)

▲워턴은 잡아먹힐 위기에 놓였는데도 명랑함을 잃지 않고 조지와 조금씩 가까워진다.

탈출하려고 스웨터 풀어 줄사다리 만들어

(라)이튿날 아침, 올빼미가 보이지 않았습니다. 워턴은 올빼미네 집이 지저분해, 오후 늦게까지 청소했습니다. 평소보다 일찍 돌아온 올빼미는 집 안을 보고 깜짝 놀랐지요. "나쁘지 않군. 그렇다고 널 잡아먹지 않을 거라곤 생각하지 마. 오늘 밤에도 차 끓일 거야? 어쩌면 나 차 마실지 몰라." 올빼미는 상냥하게 말했고, 둘은 차를 마시고 느지막이 잠자리에 들었습니다. 다음 날 아침, 워턴은 달력부터 확인하고 다시 올빼미의 집을 치웠습니다. 청소를 마치고 나서 도망갈 궁리를 했지요. 워턴은 배낭 속에서 스웨터를 꺼내 푼 뒤, 털실로 줄사다리를 만들고 올빼미가 돌아올 때가 되자, 배낭 속에 숨겼습니다. (43~48, 50~52쪽)

▲워턴은 탈출하려고 스웨터를 풀어 줄사다리를 만든다.

본문 맛보기

사슴쥐 도움 받아 조지에게서 탈출 성공

▲조지가 워턴이 만든 탈출용 줄사다리를 발견하면서 사이가 다시 서먹해진다.

(마)일요일, 조지는 싸늘하게 워턴을 노려보았습니다. 사냥감도 놓치고 하루 종일 쫄쫄 굶었기 때문이죠. 워턴이 혼자 카드놀이를 하려고 배낭을 열었어요. 그 순간 조지는 배낭 속 과자 상자를 보았고, 상자를 낚아채 과자를 꺼내 먹었습니다. "맛있군." "우리 형이 만든 건 뭐든지 맛있어." "그럼 너네 형도 맛있겠군." 그 말에 워턴은 화가 났고, 조지는 배낭 속에 상자를 도로 넣다가 줄사다리를 보았습니다. "내가 없는 동안 이런 걸 만들다니." 둘은 아무 말도 하지 않았고, 조지는 앞만 노려보았습니다. 다음 날 워턴은 슬픈 눈으로 달력을 바라보았습니다. 조지의 생일이었거든요. 그때 사슴쥐의 친구가 나타나 워턴이 좁은 구멍으로 도망하도록 도와주었습니다. (59~65, 72~74쪽)

여우에게 잡아먹힐 뻔한 조지 구해

▲워턴은 위기에 빠진 조지를 구하고, 둘은 친구가 된다.

(바)워턴은 참나무 밑에 도착해, 사슴쥐 백 마리와 함께 스키를 타고 나무 사이를 달렸습니다. 풀밭에서 잠시 쉬려는데 아래쪽 개울 근처에서 조지가 여우에게서 빠져 나오려 몸부림치는 게 보였습니다. 조지는 힘없이 날개를 파닥거렸지요. 워턴은 보다 못해 조지를 도우러 개울로 향했습니다. 사슴쥐들도 워턴의 뒤를 따랐지요. 여우는 조지를 팽개치고 와다다닥 달아났습니다. 워턴은 상처투성이가 된 조지를 곁눈으로 보았습니다. 한때 당당했던 조지를 생각하니 슬퍼졌지요. "안녕, 워티. 네가 여기 웬일이야?" "탈출하는 중이야." "탈출이라니? 내 쪽지 못 봤어? 일찍 집에 돌아오겠다고, 널 잡아먹을 생각이었는데…. 우리가 함께 이야기 나누던 일들을 생각하니 물론 난 친구가 필요 없는데, 친구를 사귄다면 너 같은 친구였으면 좋겠어." (76, 80~91쪽)

생각이 쑤욱

1 워턴은 고모를 즐겁게 해 드리려고 위험을 무릅썼습니다. 내가 위기에 빠졌을 때 워턴처럼 용기를 내서 구하러 올 친구가 있는지 얘기를 나눠 보세요.

2 (가)~(라)에서 워턴과 조지의 성격 특징을 알 수 있는 말을 각각 정리하세요.

☞ 툴리아 고모에게 과자를 갖다 드릴 테야. : 워턴의 마음씨가 따뜻하며, 용기가 있다.

머리에 쑤옥

두꺼비의 특징

두꺼비는 땅과 물속 양쪽에서 사는 양서류입니다. 몸 색깔은 여러 가지이고, 온몸에 돌기가 나 있습니다. 암컷이 수컷보다 몸집이 더 크며, 입 주변에 검은 선이 나 있습니다.

밤에 주로 활동하는데, 땅에서 지낼 때는 산에 있는 밭이나 숲 속에서 생활합니다. 겨울잠에서 깨는 2월 말이나 3월에 저수지 또는 물이 고인 논에서 짝짓기를 합니다.

▲황소개구리와 두꺼비(원 안).

등장 인물의 성격 파악

등장 인물의 말과 행동을 보면, 그 인물의 생각이나 성격을 알 수 있습니다. 등장 인물의 성격을 알아볼 때는, 먼저 등장 인물의 성격을 나타내는 말을 살핍니다. 인물이 말한 부분과 행동이나 표정이 드러난 부분에 밑줄을 긋고 이를 종합하면 알 수 있지요.

생각이 쑥쑥

3 조지가 워턴을 대하는 태도가 시간이 흐르면서 점점 상냥해진 까닭은 무엇인가요?

4 친구를 사귈 때는 먼저 배려하고, 솔직해야 하며, 칭찬도 해야 합니다. 친구 한 명을 마음으로 정하고, 그 친구에게 내가 부족했던 점을 각각 한 가지씩만 채우세요.

☞ 배려하기 : 친구와 함께 간식을 먹을 때, 친구에게 먼저 좋아하는 것을 선택하도록 양보하겠다.

머리에 쏘옥

친구를 사귀는 방법

친구를 사귈 때는 먼저 배려하고, 솔직해야 하며, 칭찬도 해야 합니다.

배려란 상대방을 돕거나 보살피려고 마음을 쓰는 것입니다. 예컨대 친구가 준비물을 챙기지 못했을 때, 내 것을 나눠 쓰는 것이지요.

그리고 자신의 모습을 솔직하게 보여 줘야 상대의 좋은 감정을 얻을 수 있습니다.

칭찬도 중요합니다. 인기가 있는 학생들은 대개 친구의 말을 비난하기보다는 좋은 점을 돋보이게 해서 칭찬을 잘합니다. 칭찬할 때는 진심으로 해야 상대에게 제대로 전달됩니다.

▲친구를 사귀려면 먼저 배려하고 솔직하게 대해야 하며, 칭찬할 줄 알아야 한다.

생각이 쑤욱

5 워턴은 자신이 무심코 구해 줬던 사슴쥐 친구들의 도움을 받아 조지의 집에서 탈출할 수 있었습니다. 나도 곤란한 상황에서 친구의 도움을 받은 적이 있었는지 떠올린 뒤, 이 이야기에서 얻을 수 있는 교훈을 말해 보세요.

▲친구에게 무심코 한 조그만 행동 하나도 도움이 되거나 상처가 될 수 있다.

머리에 쏘옥

뿌린 대로 거둔다

옛날 중국에서 추나라(기원전 369~기원전 340)가 노나라(기원전 1046~기원전 256)의 공격을 받아 힘든 전쟁을 치를 때였습니다. 추나라의 장수들은 병사들에게 나가서 싸우라고 다그쳤지요. 하지만 병사들은 머뭇거리다 모두 도망쳐 크게 패했습니다.

추나라 임금이 맹자(기원전 372~기원전 289)를 만나 답답한 마음을 털어놨습니다. 그런데 맹자는 다음과 같이 말했습니다.

"지난 흉년에 수많은 백성들이 굶어죽었는데, 임금님의 창고에는 곡식과 보물이 넘쳤지요. 그때 창고를 열어 백성을 구하자고 말한 추나라 장수가 하나도 없었습니다. 그러니 누가 자기 목숨을 바쳐 적과 싸우겠습니까. 모든 것은 뿌린 대로 거두는 법이니 누구도 원망할 수 없는 일입니다."

추나라 임금은 맹자의 말에 얼굴만 붉혔습니다.

맹자 추나라에서 태어난 유교 학자. 공자가 만든 유교를 발전시켰다.

생각이 쑤욱

6 워턴과 조지가 툴리아 고모 집에 도착한 뒤, 두 친구는 어떻게 지냈을지 뒷이야기를 지어 보세요.

> "잘 날 수 있을지 모르겠지만, 널 툴리아 고모 집까지 데려다 줄게." 워턴은 올빼미의 등에 폴짝 올라타고는 사슴쥐들에게 큰 소리로 고맙다고 인사했습니다. 둘은 푸른 하늘에 커다란 원을 그리고 나서 툴리아 고모 집을 향해 날아갔습니다.

▲워턴은 올빼미의 등에 타고 고모네 집으로 향했다.

머리에 쏘옥

참된 우정

미국의 한 초등학교 학생 80여 명이 암과 싸우느라 항암제를 맞아 머리카락이 모두 빠진 친구 마리를 위해 자신들도 머리를 박박 밀었습니다.

치료를 마치고 학교로 돌아올 친구 마리가 머리가 짧아 고민하자, 마리가 부끄럽지 않게 하려고 한 행동이지요. 잘라 낸 머리카락은 다른 암 환자들을 위해 기부했습니다.

상대의 입장에서 힘든 일이 무엇인지 생각해 참된 우정을 발휘한 것이지요. 친구 사이의 아픔은 나눌수록 줄어듭니다.

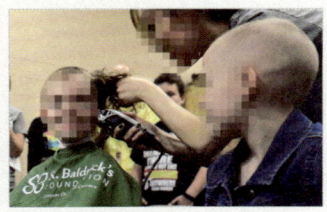

▲마리의 친구들이 머리를 깎고 있다.

생각이 쑤욱

7 올빼미와 두꺼비는 잡아먹고 먹히는 천적 관계입니다. 그런데 여러 가지 사건을 겪은 뒤 믿음이 생겨 진정한 친구가 되지요. 천적처럼 부딪쳐도 친해지고 싶은 친구를 떠올린 뒤, 갈등을 풀고 화해할 수 있는 아이디어를 말해 보세요(300~400자).

> 대구의 한 초등학교에는 교실마다 '사랑의 우체통'이 설치되어 있다. 전교어린이회장단이 학교 폭력을 막고 친구와 우정을 나누기 위해 우체통을 설치하겠다고 공약한 뒤 이를 실천한 것이다. 학생들은 친구 또는 선후배에게 고마운 일이나 서운했던 일 등을 편지에 써서 우체통에 넣으면 어린이회장단이 2주에 한 번씩 전달한다. 학생들은 "친구들이 우체통을 더 많이 이용해 고맙거나 미안한 마음을 전해서 더욱 친해졌으면 좋겠다."라고 입을 모았다.
>
> <신문 기사 참조>

▲초등학교 각 교실에 설치한 '사랑의 우체통'이 학생 간 소통을 위한 징검다리가 되고 있다.

11 세계 문학 | 편견 때문에 17년 동안 바보라고 생각한 천재

『어린이를 위한 바보 빅터』
전지은 지음, 한국경제신문 펴냄. 176쪽

 줄거리

빅터는 다른 아기들보다 몸무게가 1킬로그램이나 가벼운 미숙아로 태어났어요. 다행히 아프지는 않았지만 몸집도 작고, 말도 더듬고, 행동도 느렸어요. 빅터는 학교에서 바보라고 놀림을 받고, 어려운 문제를 풀어도 남의 것을 베꼈다는 오해를 받지요. 그러다 보니 자신을 믿지 못해 자신감을 잃었어요. 엄마가 돌아가신 뒤에는 학교까지 그만둡니다. 그러다 우연히 광고판에 나온 수수께끼를 풀고 애프리 회사에 들어갔어요. 자신의 IQ(지능지수)가 73이 아니라 173이라는 사실도 알지요. 그는 더 이상 예전의 빅터가 아니었어요. 멘사협회 회장까지 되어 사람들에게 절대로 포기하지 말고, 자신을 믿으라고 위대한 메시지를 전합니다.

 본문 맛보기

아이큐가 낮다고 바보 취급을 받아

▲빅터는 언어 장애도 의심된다며 학교에서 바보 취급을 당했다.

(가)"테스트 결과, 댁의 아드님은 사실을 이해하는 능력이 또래 아이들보다 떨어집니다. 언어 장애도 의심됩니다. 그리고….” 아빠는 어두운 표정으로 검사지를 뚫어져라 내려다봤다. 빅터는 조용히 의자에서 일어나 문을 열고 나왔다. 아빠는 빅터에게 아이스크림을 사 주고 혼자 호숫가로 걸어갔다. “빅터, 넌 잘못한 게 없어. 아무 걱정하지 마.” 아빠는 한참 뒤에야 환하게 미소 지으며 말했다. 빅터의 마음도 한결 편해졌다. (9~12쪽)

스튜어트 선생님이 빅터는 바보가 아니라고 북돋아

▲빅터는 나뭇가지를 늘어놓아 여러 가지 모양을 만들어 재능을 인정받았다.

(나)빅터는 나뭇가지들을 늘어놓으며 사자와 호랑이를 만들었다. “오! 지금 이걸 만드는 데 1분밖에 걸리지 않았어! 넌 뛰어난 재능을 갖고 있구나. 대단해.” “대, 대단하지 아, 않아요. 저, 저는 바, 바보니까요.” 빅터는 땅을 내려다보며 말했다. “누가 그래?” 스튜어트 선생님은 깜짝 놀라 물었다. “모, 모두 저, 저를 바, 바보라고 부, 불러요.” “빅터, 내 눈을 보렴. 그리고 내 말 잘 들어. 너는 절대 바보가 아니야. 나뭇가지로 이렇게 훌륭한 모양들을 만들 수 있는 사람은 너뿐이란다. 이렇게 할 수 있는 사람은 절대 바보가 아니야.” (30~31쪽)

본문 맛보기

아무도 빅터의 말을 믿지 않아

(다)수학 선생님은 칠판에 뭔가를 썼다. "1부터 100까지 모든 수를 더하면 얼마인지 계산을 하는 거다." 빅터는 칠판을 뚫어져라 쳐다봤다. 빅터와 에이든이 동시에 손을 들었다. 에이든은 수학 천재라는 칭찬을 듣는 아이다. "빅터 문제를 어떻게 풀었니?" "저, 저는 그, 그냥 새, 생각이 나서, 처음 수랑 끝 수랑 더하고 다음 수들을 더해 보니까 모, 모두, 같은 수가 나오고, 이, 이게 50번 반복되니까…." "빅터, 에이든의 노트를 봤니?" (80~86쪽)

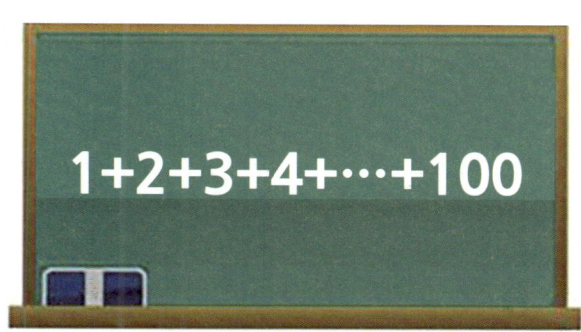

▲빅터가 어려운 수학 문제를 풀었는데, 수학 선생님은 같은 반 아이의 것을 훔쳐봤다고 생각했다.

'소리 나는 리모컨' 아이디어 냈지만 베꼈다고 생각

(라)"지난 수업에서, 선생님께서 마, 말씀하신 발명왕에, 에디슨 이야기를 듣고 저도 바, 발명품을 만들고 싶어서." 노트에는 리모컨 그림이 있고, 옆에는 간단한 설명이 삐뚤빼뚤한 글씨로 적혀 있었다. 레이첼 선생님은 발명반 로널드 선생님에게 빅터의 노트를 보여 줬다. "소리 나는 리모컨은 지난해, 전국 학생 발명 대회에서 대상을 탄 작품입니다. 그 녀석은 이런 아이디어를 떠올릴 만큼 머리가 좋지 않아요. 빅터는 IQ가 73이에요." (110~112쪽)

▲빅터가 '소리 나는 리모컨' 아이디어를 냈지만, 발명반 선생님은 베꼈다고 생각했다.

본문 맛보기

스스로를 믿을 때 위대하게 변할 수 있어

▲부산의 한 중학교에서 수업하기 전, 자존감을 세우기 위해 '나는 소중한 사람'이라고 외치고 있다.

(마)"빅터, 근사한 청년이 됐구나." 레이첼 선생님은 빅터를 보자마자 꼭 끌어안았다. 로라는 빅터가 애프리 회사에 들어간 이야기를 늘어놓았다. "빅터, 정말 대단하구나." "그렇지만 저는 자, 자격이 없어요. 저는 주, 중학교도 못 나온…." "빅터, 애프리에서 일류 대학 출신을 뽑을 생각이었다면 처음부터 그런 광고판을 만들지 않았을 거야. 이 세상에 완벽하게 준비된 인간은 없어. 무슨 일이든 해 보지 않고서는 알 수 없단다. 그러니 두려워하지 말고 부딪쳐 보렴. 로라, 빅터, 너희들은 잘할 수 있어. 자신을 믿어보렴." (136~137쪽)

천재라도 바보라고 생각하면 진짜 바보가 돼

▲스스로를 위대한 존재라고 믿으면 행동도 위대하게 바뀐다.

(바)"아무리 뛰어난 재능을 가진 사람이라도 자신의 능력을 믿지 못하면 재능을 펼치지 못합니다. 자신이 바보라고 생각하면 진짜 바보가 됩니다. 우리는 숫자로 평가할 수 없는 능력을 가지고 있습니다. 해 보지도 않고 절대로 자신의 능력을 미리 판단하지 마십시오. 자신을 믿으십시오. 스스로를 위대한 존재라고 생각하십시오. 그러면 행동도 위대하게 변합니다. 여러분의 일이 힘들게 느껴질 때, 17년 동안 바보로 산 빅터 로저스의 인생을 기억해 주시기 바랍니다." (162~163쪽)

생각이 쑤욱

1 학교 선생님들과 친구들은 왜 빅터의 말을 믿지 않았나요?

2 레이첼 선생님은 수학 문제를 푼 뒤 속상한 빅터에게 처칠(1874~1965)의 이야기를 들려줬어요. 빅터의 입장이 돼 '절대로 포기하지 말자'고 자신과 약속해요.

절대로, 절대로, 절대로 포기하지 말자

나는 살면서 오늘처럼 사람들이 내 말을 믿지 않아도 _____

_____

_____

_____

_____

내 인생에서 포기는 없다고 나와 약속합니다.   빅터

머리에 쏘옥

선입견

선입견은 어떤 대상에 대해 이미 마음에 가진 고정적인 생각이에요.

대상을 부정적으로 보는 생각도 대부분 선입견 때문에 생기죠. 예컨대 '동화에 나오는 공주는 모두 예쁘다', '예쁜 연예인은 대다수가 성형했다' 등을 들 수 있어요.

윈스턴 처칠

처칠은 영국의 정치가입니다. 그는 8개월 만에 태어나 또래보다 훨씬 작고 약했어요. 혀가 짧아 말을 심하게 더듬었으며, 따돌림을 당해 언제나 외톨이였죠. 처칠은 이를 극복하기 위해, 하루에 두 시간 이상 운동했고, 다섯 시간이 넘게 책을 읽었어요. 혀 짧은 소리와 말더듬이를 떨쳐 내려고 걸을 때도 발음 연습을 하고, 청년이 된 뒤에는 전투에도 참여했지요.

윈스턴 처칠은 위대한 정치가이자 웅변가였습니다. 처칠은 정치뿐 아니라 문학에도 재능이 있어 책을 여러 권 썼고, 노벨 문학상을 받기도 했어요.

▲처칠

111

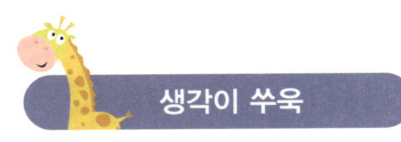 생각이 쑤욱

머리에 쏘옥

표절

표절은 다른 사람의 작품의 일부 또는 전부를 자신이 만든 것처럼 몰래 베껴 쓰는 행동을 말해요. 초등학생들도 어려서부터 인터넷을 접한 탓에 인터넷 정보에는 익숙하지만, 표절에는 무감각하죠. 초등학생이 제출한 과제물들 가운데 누가 누구의 것을 베꼈는지 구분이 안 되고, 틀린 글자까지 똑같은 내용이 가끔 있다고 해요.

3 빅터는 발명 대회에서 대상을 받은 작품을 베꼈다고 오해를 받아요. 빅터가 아이디어를 베끼지 않았다는 사실을 중심 문장과 뒷받침 문장을 넣어 변호하세요.

☞ 예) 빅터는 다른 사람의 아이디어를 베끼지 않았습니다. →중심 문장
빅터는 나뭇가지로 신기한 동물 모양을 빠르게 만들 만큼 아이디어가 좋기 때문입니다. → 뒷받침 문장

> 빅터는 다른 사람의 아이디어를 베끼지 않았습니다.
>
> 빅터는(가) _____
>
> _____
>
> _____

'미운 오리 새끼'

'미운 오리 새끼'는 덴마크의 한스 안데르센(1805~75)이 지은 동화예요.

유난히 큰 알에서 태어난 새끼 오리는 다른 오리들과 다르다는 이유로 괴롭힘을 당합니다. 그런데 어미마저 새끼 오리가 사라졌으면 좋겠다고 말해요. 상처를 받은 새끼 오리는 집을 나와 마음씨 좋은 할머니의 집에서 지내죠. 하지만 그곳에서도 괴롭힘을 당해 도망칩니다. 춥고 외로웠던 겨울이 지난 봄날, 새끼 오리는 자신이 하늘을 날 수 있는 아름다운 백조였음을 깨닫지요.

그 뒤, 미운 오리 새끼는 백조들과 날아다니며 행복하게 살아요. 새끼 오리의 자존감이 어려서부터 높았다면 이야기가 어떻게 달라졌을까요.

4 '자존감'은 자신을 존중하고 사랑하는 마음이에요. 아래 문항을 점검해 나의 자존감 지수를 평가하세요.

☞ 분홍색 문항에서 '그렇다'는 5점, '아니다'는 0점, 하늘색 문항에서 '그렇다'는 0점, '아니다'는 5점으로 점수를 매겨요. 점수를 더하면 자존감 지수가 됩니다(80점 만점).

문항	그렇다	아니다
1. 나의 가족은 나를 배려한다.		
2. 나의 가족은 나를 이해한다.		
3. 다른 사람이 내 생각을 인정한다		
4. 어떤 일로 괴로움을 겪는 일이 적다.		
5. 어떤 것을 결정할 때 어려움 없이 스스로 결정한다.		
6. 하고 싶은 말은 대부분 한다.		
7. 다른 사람과 함께 있을 때 행복하다.		
8. 많은 사람들이 나를 좋아한다.		
1. 가끔 스스로 내가 아니었으면 한다.		
2. 나는 고쳐야 할 점이 많다.		
3. 내 외모가 타인보다 못하다는 생각이 든다.		
4. 다른 사람보다 사랑받지 못한다.		
5. 가끔 내가 한 일에 실망스럽다.		
6. 여러 사람 앞에 나서서 이야기하기 싫다.		
7. 가족들이 나에게 기대를 많이 한다.		
8. 가끔 집을 나가고 싶다.		
자존감 지수		

▲미운 오리 새끼는 아름다운 백조였다.

생각이 쑥

5 자신을 믿어야 행동도 변해요. 자신의 장단점을 생각하고, '내 생각 사용 설명서'를 만들어요.

내 장점은	
내 단점은	

내 생각 사용 설명서

∨ 나는 항상 자신을 믿는다.

∨ 내 장점은 _____ 이다.
   _____ 장점을 더 계발할 것이다.

∨ 내 자신의 능력을 미리 판단하지 말자.

∨ 내 단점은 _____ 이다.
   하지만 처칠처럼 _____ 노력해 이겨 낼 것이다.

∨
∨
∨

머리에 쏙옥

장점과 단점

사람들은 각자 장점과 단점을 가지고 있어요. 그런데 장점은 남에게 자랑하고 싶고, 단점은 숨기려고 노력하죠.

성숙한 사람은 자신의 장점과 단점을 정확히 가려내 있는 그대로 받아들인답니다.

자신의 모습을 살펴보면 좋은 점보다 숨기고 싶은 점이 더 많아 보이지 않나요. 사람들은 '남이라는 거울'을 통해 자신을 볼 수 있어요.

어떤 사람에게 단점이 다른 사람에게는 장점으로 보이는 경우도 있고, 반대로 자신의 장점이 남에게는 단점이 되는 경우도 있어요.

자신의 장점을 발견하고, 단점을 반성하며 자기를 극복하는 것이 자신을 참되게 사랑하는 길이랍니다

▲자신의 장점을 발견하고, 단점을 반성하면 스스로 자신을 이겨 낼 수 있다.

생각이 쑤욱

6 빅터는 우연히 17년 동안 바보처럼 살았다는 사실을 알아요. 빅터가 어릴 적부터 천재임을 알 때까지 이야기를 네 컷 만화로 표현하세요.

☞ 네 컷 만화 그리는 요령 : 이야기의 흐름을 4단계로 정하고, 흐름에 맞도록 그림을 그립니다. 그런 뒤 말풍선을 채우면 됩니다. 마지막 컷에는 앞의 내용을 뒤집는 내용을 넣거나 비틀어 결론을 맺습니다. 말풍선에 넣는 말은 되도록 짧아야 합니다.

빅터와 로라는 레이첼 선생님의 도움으로 오래 전 빅터가 받았던 IQ 테스트 자료를 확인하기로 했다. "이럴 수가, 빅터, 넌 천재였어. IQ 173의 천재." "세상에, 담임 선생님이 숫자를 착각했었나봐." "그게 아닐 거야, 빅터가 머리가 나쁘다는 것을 강하게 믿었던 거지. 그러니 그 사람의 눈에는 173이 73으로 보였을 거야. 분명히."

▲빅터는 IQ 173의 천재였지만 바보라고 생각하고 살았다.

머리에 쏘옥

바보와 천재

세계적인 물리학자인 아인슈타인(1879~1955)과 발명가 에디슨(1847~1931)은 천재가 아니라 바보라는 소리를 들으며 자랐어요.

하지만 끈기가 강하다는 공통점이 있었죠. 아인슈타인은 네 살 때까지 말을 못했고, 에디슨은 어렸을 적 호기심이 강해 학교 성적이 나쁜 데다 문제아로 찍혔어요. 전구를 발견하기 전까지 2000번이 넘는 실패도 경험했지요. 이들은 목표를 세워 끝까지 이뤘고, 책을 열성적으로 읽었어요. 또 자기 훈련을 게을리하지 않았죠.

에디슨은 "천재는 1퍼센트의 영감과 99퍼센트의 땀으로 만들어진다."는 말을 남겼답니다.

▲아인슈타인(왼쪽)과 에디슨(오른쪽).

 생각이 쑤욱

7 아래 기사를 읽은 뒤, 자존감과 관련해 평소 자신의 어떤 점을 믿는지 점검하고, 새로운 마음가짐을 다지세요(300~400자).

> 한국을 방문한 소아정형외과 마이클 에인(1962~) 교수의 키는 131cm에 불과하다. 그는 세계에서 몇 안 되는 '왜소증 전문 의사'다. 에인 교수는 학교에 다닐 때, 키가 작아 친구들에게 놀림을 많이 받았지만 좌절하지 않았다. 부모님이 "키가 작다는 것만으로 예외가 될 순 없다."고 말씀하신 영향이 컸다. 에인 교수는 대학교 때 야구팀에서 2루수로도 활약했다. 대학을 졸업하고 의대 수십 곳에 원서를 넣었지만, 키가 작다고 퇴짜를 맞았다. 다음 해 한 곳에서 유일하게 그를 받아들였다. 야구까지 도전한 의지를 높이 산 것이다. 에인 교수는 키가 작은 장애인 환자의 역할 모델이 되었다. 그는 "사람의 체격이나 외모보다는 마음에 어떤 생각을 품고 있는가가 중요한 것."이라고 강조했다.
>
> <신문 기사 참조>

▲에인 교수

12 세계 문학 — 협력과 협동의 힘으로 평화를 얻다

『15소년 표류기』
쥘 베른 지음, 지경사 펴냄, 204쪽

 **줄거리**

뉴질랜드의 체어맨 기숙학교 학생 열네 명이 여름방학에 배를 타고 연안을 일주하기로 합니다. 그런데 출발 하루 전날 배에 타고 놀다 자크가 장난으로 배의 밧줄을 풀어 버리는 바람에 표류하게 됩니다. 소년들은 가까스로 무인도에 상륙해 생활에 적응하는데, 브리앙과 드니팬 사이에 갈등이 심해지면서 위기를 맞습니다. 그런데 악당들이 나타나자 함께 맞서면서 다시 화합해 위험한 고비를 넘깁니다. 그리고 악당들이 타고 왔던 보트를 고쳐 2년 만에 고향으로 돌아갑니다.

본문 맛보기

표류하다가 가까스로 낯선 무인도에 상륙

▲슬라우기호는 거센 폭풍우에 휘말려 바다를 떠다니다 가까스로 무인도에 닿았다.

(가) "살려 주세요!" 소년들은 목청껏 소리를 질러 봤지만 항구에는 불빛 하나 보이지 않고 배는 바다 멀리까지 밀려 나와 있었다. 몇 번이나 침몰할 위험에서 겨우 벗어난 소년들의 배는 낯선 섬에 상륙했다. "드디어 상륙했다! 이젠 살았어! 근데, 여기가 어딜까? 사람도 없는 것 같고…." '여기는 섬일까, 아니면 대륙일까?' "언제까지 해안에서 살수는 없어." "그래, 겨울까지 우물쭈물 지내다간 어떤 일이 생길지 모르지." "호수 근처에서 발견한 동굴로 가는 것이 좋겠어. 거기라면 지내기엔 아주 안성맞춤이야." (33~34, 38~39, 53쪽)

동굴에서 살며 규칙도 만들고 공부도 해

▲브리앙과 도니판이 번갈아가며 동생들에게 공부를 가르쳤다.

(나) "우리들 모두 체어맨 기숙학교의 학생이니까 '체어맨섬'이라고 하면 좋겠어." "이번에는 대통령을 뽑자." "대통령을 뽑으면 지금보다 일을 진행하기도 편하고 함께 지내기에도 더 좋을 거야." "그러면 누가 좋을까?" "당연히 고든이 대통령을 맡아야지." 고든은 동굴에서 생활을 규칙적으로 하기 위해 일과표를 만들었다. 아침저녁으로 두 시간씩 모두 거실에 모여 공부하기로 했다. 매주 일요일과 목요일에는 토론회를 열어 과학이나 역사 등에 관해 서로 이야기를 나누었다. 달력과 시간도 잘 관리해야 했다. 시계는 윌콕스, 달력은 백스터가 책임지기로 했다. 온도계와 기압계는 웹이 매일 기록했다. (71~75쪽)

본문 맛보기

영국인 대통령이 아니어서 못마땅하게 여겨

(다)투표는 흑인 견습 선원 모코를 빼고 14명이 했다. 모두들 브리앙이 대통령이 되어 좋아했지만, 드니팬과 윌콕스, 웹, 클로스는 잔뜩 못마땅한 표정을 지으며 앞으로 무슨 일이든 브리앙의 말을 듣지 않겠다고 결심했다. 그래서 걸핏하면 브리앙의 명령에는 하나도 따르려고 하지 않았다. "우린 여기를 떠나기로 했어." "무엇 때문에?" "솔직히 말해 더 이상 브리앙의 명령에 따

▲드니팬 등은 브리앙이 대통령으로 뽑히자 못마땅하게 여겼다.

르고 싶지 않거든." "내가 어디가 나쁜지 말해 주겠니?" "네가 우리를 지휘하는 것 자체가 마음에 들지 않아. 영국인이 아닌 대통령은 인정할 수 없어. 다음에는 모코가 대통령이 될지도 모르잖아." (108~109, 118~119쪽)

섬에 들어온 악당들 때문에 위협 느껴

(라)"숨을 쉬고 있어. 굶주리고 목이 말라서 정신을 잃은 것 같아." 기운을 차린 케이트는 자신이 왜 이곳에 오게 됐는지 이야기하기 시작했다. 케이트의 이야기를 듣고 보니 그야말로 큰일이었다. 지금까지

▲케이트는 소년들에게 자신의 이야기를 해 주었다.

안전하게 살 수 있었던 체어맨섬에 무서운 악당이 7명이나 상륙한 것이다. 악당들은 드니팬 일행이 탐험을 떠난 쪽으로 간 것 같았다. "지금 당장 드니팬 일행을 구하러 가자!" "아이들을 프랑스인의 오두막으로 데리고 와야 해. 우리들도 악당들에게 잡히지 않도록 힘을 합치도록 하자." (129~130, 133~134쪽)

자크의 잘못 고백에 모두 용서하고 감싸

▲자크는 자신이 장난으로 배의 밧줄을 풀었다고 고백했다.

(마)"나…, 이제는 내가 한 짓을 모두에게 말하겠어." 자크가 울먹이며 입을 열자 브리앙이 놀라 동생을 막으려고 했다. "말해 버릴 테야. 난 더 이상 정말 견딜 수 없어. 모두가 이런 섬에 표류하게 된 것은, 이렇게 고생하게 된 것은, 모두 내 탓이야. 내가 장난으로 배의 닻줄을 풀었기 때문이야. 정말 장난으로 그랬어. 그런데 배가 떠내려가기 시작했어. 나는 그만 겁이 나서…. 그런데 1시간 뒤에는 벌써 바다로 멀리 떠내려 와 있었어. 그땐 이미 어쩔 수가 없었어. 모두에게 정말 미안해. 용서해 줘." "자크, 우리들은 기꺼이 너를 용서한다." 모두 자크를 에워싸고 손을 따뜻하게 붙잡아 주었다. (144, 146쪽)

악당들 물리치고 2년 만에 집으로 돌아가

▲소년들은 무인도에서 탈출하려고 악당들이 타고 온 보트를 고쳤다.

(바)도저히 이길 수 없었던 싸움을 이겼다고 생각하니 새삼 놀랍고 가슴이 두근거렸다. 예상했던 것보다 악당들과의 싸움은 훨씬 위험했다. 새삼스럽게 소년들은 등줄기가 오싹할 정도로 그때의 무서움이 되살아났다. 어쨌거나 이겼으니 다행이었다. 소년들은 악당들이 타고 온 보트를 고쳐 무인도를 탈출하기로 했다. "배다! 배가 온다!" "만세!" 소년들은 서로를 부둥켜안았다. 15명의 소년들이 뉴질랜드에서 멀리 떨어진 무인도에서 2년 동안의 표류 생활을 용감하게 이겨 내고 다시 돌아온 것이다. (192~193, 201~203쪽)

생각이 쑤욱

1 내가 무인도에서 사는 열다섯 명의 소년들 가운데 하나라면 공동체 생활을 유지하기 위해 어떤 일을 하겠습니까?

☞ 무인도임을 고려하고, 자신의 장점이나 특기를 생각해 구체적으로 이유를 들어 설명하면 됩니다.

2 15명의 소년들이 무인도에서 무사히 집으로 돌아올 수 있었던 까닭을 두 가지만 들어보세요.

▲15명의 소년들이 각자 역할을 맡아 동굴로 배안의 짐을 옮길 준비를 하고 있다.

머리에 쏘옥

무인도에서 살아남기

　15명의 소년들은 표류하다가 무인도에서 생활하게 되었지만, 슬퍼하지 않았습니다.

　어른이 없어도 소년 각자가 할 수 있는 일을 나눠 맡았지요. 지도자를 뽑고 규칙도 만들었습니다. 그리고 서로 협력하면서 원시적인 생활을 해야 하는 무인도의 환경에 적응해 갔습니다.

　배에 남아 있는 물건을 조사한 뒤 식량을 구하고, 겨울에 대비해 보금자리를 찾아 나섰지요. 땔감도 구하고, 바다표범을 잡아 기름을 만들기도 했습니다. 구조된 뒤 사회에 적응하기 위해서도 준비하는데, 상급반 학생들이 동생들에게 공부를 가르친 일이지요.

생각이 쏘옥

3 소년 15명이 무인도에서 생활하기 위해 정한 규칙들은 어디에 초점이 맞춰져 있나요? 그리고 규칙을 한 가지만 더 추가하고, 그 까닭도 설명하세요.

☞ 소년들이 정한 규칙을 지키지 않았을 경우 장기적으로 어떤 결과가 나올지 생각해 보세요.

규칙의 초점	
추가하고 싶은 규칙과 그 이유	

4 드니팬은 공정한 선거를 통해 뽑힌 브리앙을 대통령으로 인정하지 않습니다. 민주적 절차를 무시하는 드니팬의 행동에 어떤 문제점이 있는지 말해 보세요.

머리에 쏘옥

선거와 대표자

민주적인 선거는 투표를 통해 자기를 대표할 사람을 뽑는 행위입니다.

대표자는 구성원들에게 일을 적절하게 나눠 주고, 공동체를 잘 이끌어 가는 데 필요한 일을 결정하는 역할을 합니다. 그런데 구성원들이 개인적인 이유를 들어 대표자의 지시에 따르지 않거나 무시하면 공동체는 제대로 운영되지 못할 것입니다.

더구나 무인도에서 지도자를 뽑은 까닭은 대표자를 중심으로 뭉쳐서 어려운 문제를 슬기롭게 해결하기 위해서입니다. 따라서 자신의 이기심이나 인종적 편견 때문에 단결을 깨고 공동체를 위험에 빠뜨릴 수 있는 행동을 하면 안 됩니다.

대표자를 민주적인 방식으로 선거를 통해 뽑을 경우, 자신이 지지하지 않는 사람이 대표자가 되어도 그 대표자의 말에 따라야 한다는 약속이 깔려 있습니다.

▲드니팬과 브리앙은 작은 일에도 대립하며 갈등했다.

생각이 쑤욱

5 모코는 흑인이라는 이유로 투표권을 주지 않아 자신의 지도자를 뽑는 투표에 참여하지 못하는데, 이런 차별이 무인도에서 소년들이 생존하는 데 미칠 부정적인 영향을 추측해 보세요.

▲모코는 브리앙과 함께 강을 탐험하는 등 다른 소년들이 무인도에서 생활하는 데 많은 도움을 줬다.

머리에 쏘옥

흑인 모코가 당한 인종 차별

열두 살 흑인 소년 모코는 체어맨학교 학생들의 항해를 돕기 위해 견습 선원으로 배에 탔습니다. 소년들을 도와 음식 준비부터 바느질과 세탁에 이르기까지 여러 가지 허드렛일을 도맡습니다. 노를 잘 저어서 브리앙과 함께 탐험에 참여하기도 합니다.

하지만 오직 흑인이라는 이유로 차별 대우를 받습니다. 다른 소년들에 비해 더 많은 일이 주어지지만, 선거권은 주지 않지요. 그래서 모코는 지도자를 뽑는 선거에 참여하지 못합니다.

생각이 쏘옥

6 브리앙은 자기에게 불만을 품고 동굴을 떠난 드니팬이 위험해지자 도움을 줍니다. 브리앙과 드니팬이 끝내 화해하지 못했다고 가정해서 뒷이야기를 지어 보세요.

▲드니팬 일행이 동굴을 나와 따로 살겠다며 섬의 동쪽 해안을 둘러보고 있다.

머리에 쏘옥

『15소년 표류기』와 세계 평화

프랑스의 소설가 쥘 베른(1828~1905)은 1888년에 이 작품을 발표했습니다. 그런데 그때 유럽은 강대국들끼리 다툼이 아주 심했습니다. 그래서 세계 평화를 바라는 마음을 담아 이 소설을 썼답니다.

작품에 등장하는 15명의 소년들은 그때 유럽의 여러 나라를 대표하듯 영국과 프랑스, 미국 등에서 온 소년들입니다.

함께 지내지 못할 것 같던 소년들은, 2년 동안 함께 공동체 생활을 하면서 다투기도 하지만, 몸도 마음도 성숙해집니다. 그리고 화합하는 모습을 보여 주며 무사히 고향으로 돌아갑니다. 소년들 모두 평화를 얻은 것이죠.

▲쥘 베른

7 아래 글을 참고해 학교에서 협동 수업이나 수행 평가를 할 때 협동하면 좋은 점을 설명하고, 협동이나 협력할 때 가져야 하는 태도를 제시하세요(300~400자).

> 선생님이 학급 야영 때 치킨을 조별로 사 주겠다고 했는데 아이들이 싫다고 했다. 치킨을 공평하게 나누기 어렵다는 게 이유였다. 수행 평가 때 모둠 활동에서도 자주 보는 모습이다. 어쩔 수 없이 공평하지 않은 일이 일어나기 때문이다. 아이들은 성적을 함께 받는다면 수행도 정확히 나눠서 해야 한다고 여긴다. 쿠키를 만드는 활동을 해도 자기 몫의 반죽으로 자기 분량을 만들어 모두 가져가길 원한다. 아이들이 다른 사람들고· 뭔가를 함께 해 내는 능력이 점점 더 약해지는 것 같다. 뭐든 자기 몫을 정확히 챙기길 원하고, 손해를 볼까 봐 경계한다.
>
>
> ▲협동 학습에 참여를 꺼리는 학생이 늘고 있다.
>
> <신문 기사 참조>

초등학생 문해독서 중급 1호 답안과 풀이

01. 『용선생의 시끌벅적 과학교실 1 생태계 지리산을 살리러 돌아온 동물은?』

♣ 11쪽

1. 예시 답안

광합성은 식물이 빛과 물, 이산화탄소를 흡수해 엽록체에서 영양분을 만들어 내는 일이다. 광합성은 잎과 줄기의 엽록체에서 일어난다. 엽록체에는 녹색을 띠는 엽록소가 들어 있어서 식물이 녹색을 띤다.

2. 예시 답안

생산자	무기 양분을 흡수하고, 광합성을 통해 스스로 양분을 만든다.
소비자	다른 생물을 잡아먹어 양분을 얻는다.
분해자	생물의 배설물과 생물의 껍질이나 털, 죽은 생물을 작게 분해해 양분을 얻는다.

♣ 12쪽

3. 예시 답안

곰팡이나 세균 등의 분해자가 없으면 세상은 쓰레기로 넘칠 것이다. 죽은 생물이나 배설물이 썩지 않아 그대로 있기 때문이다. 분해자는 생물의 껍질이나 털, 죽은 생물을 작게 분해하고, 다른 생물이 흡수할 수 있는 무기 양분을 만든다. 식물은 이렇게 분해된 것을 양분으로 흡수해야 살 수 있기 때문에 곰팡이나 세균을 무조건 없애면 안 된다.

4. 예시 답안

어항도 하나의 작은 생태계다. 따라서 생산자인 녹조류와 소비자인 물고기, 분해자가 모두 있어야 서로 영양분을 주고받으며 살 수 있다. 아래 어항의 모습처럼 녹조류와 물고기를 그려서 사람이 먹이를 주지 않고 청소를 하지 않아도 되는 어항을 꾸민다.

♣ 13쪽

5. 예시 답안

반달가슴곰을 방사하면 생태계를 건강하게 만들 수 있습니다. 반달가슴곰이 나무의 싹과 다 자란 나무의 뿌리와 열매를 먹어야 나무의 수가 조절됩니다. 산에 나무가 빽빽해지면 반달가슴곰이 없어서 그렇게 된 것입니다. 반달가슴곰은 먹이 활동을 하면서 나뭇가지를 부러뜨려 숲의 밑 부분까지 햇빛이 들게 해서 키가 작은 식물이 잘 자라게 합니다. 또 열매나 씨앗을 먹고 멀리 가서 배설해 퍼뜨립니다. 그 씨앗은 그대로 땅에 떨어진 것보다 싹이 더 잘 틉니다. 반달가슴곰은 먹이사슬의 맨 꼭대기에 있습니다. 따라서 반달가슴곰이 없으면 먹이사슬 아래에 놓인 동물의 수가 크게 불어나 생태계 전체의 균형이 무너집니다. 이들 동물은 주로 초식 동물인데, 작은 동물의 수가 늘어나면 풀이 줄어듭니다. 초식 동물이 늘면 먹이 경쟁이 심해져 동물들이 먹이를 찾아 산에서 내려와 논과 밭의 농작물까지 먹어 치웁니다. 반달가슴곰을 방사하면 위험성이 없는 것은 아닙니다. 하지만 곰이 살 수 있는 안전한 서식지를 확보해 주고 생태 통로를 만들어 주면 큰 문제가 생기지는 않을 것입니다.

♣ 14쪽

6. 예시 답안

황소개구리는 1970년대에 음식 재료로 사용하려고 들여왔다. 그런데 일부가 자연으로 풀려 토종 동물을 마구 잡아먹으면서 수가 늘었다. 심지어 개구리의 천적인 뱀과 새도 잡아먹어 생태계를 어지럽혔다. 그런데 50년 가까이 지난 지금, 황소개구리와 주변 동물의 관계가 바뀌었다. 뱀과 왜가리, 오리 등 여러 가지 동물이 황소개구리를 잡아먹는다. 이들 동물은 황소개구리의 올챙이까지 잡아먹어 황소개구리의 수가 알맞게 유지되고 있다. 이제 황소개구리는 새나 뱀 대신 곤충이나 물고기 등을 먹고 살게 되었다. 환경 오염 때문에 토종 개구리의 수가 많이 줄고, 새나 뱀의 먹이가 되는 다른 생물도 감소하면서 토종 개구리를 먹이로 삼던 동물이 황소개구리를 먹기 시작했기 때문이다.

♣ 15쪽

7. 예시 답안

생태계의 균형이 깨지면 다시 회복하기 어렵다. 원래대로 회복해도 시간이 오래 걸린다. 그래서 생태계의 균형이 깨지지 않도록 개인과 정부가 노력을 해야 한다. 개인은 불법 사냥을 하거나, 키우던 동식물을 자연에 함부로 버리면 안 된다. 밤에 운전할 때는 언제 어디서 야생 동물이 튀어 나올지 알 수 없으므로 속도를 줄여 로드킬을 막아야 한다. 정부는 야생 동물의 서식지 한가운데를 가로질러 도로를 만드는 일을 막아야 한다. 이미 도로를 만들었거나 만들 계획이 있다면 야생 동물이 이동할 수 있는 생태 통로를 만들어 야생 동물이 안전하게 이동할 수 있게 해야 한다.

02. 『씨앗이 있어야 우리가 살아요』

♣ 21쪽

1. 예시 답안

토종 씨앗은 계속 재생되는 자원이기 때문에 열매에서 씨앗을 받아 심으면 똑같은 성질을 그대로 물려 줄 수 있다. 또 토종 씨앗은 잡종 씨앗처럼 다시 사지 않아도 된다. 토종 씨앗은 그 지역의 기후나 토질에 맞게 진화했기 때문에 해충과 질병을 잘 이겨 내고, 가뭄과 폭우에 더 강한 품종이 보존된다.

2. 예시 답안

단일 경작을 하면 사람이 먹을 수 있는 작물의 수가 점점 줄고, 씨앗도 사라진다. 특히 과거 감자를 단일 작물로 재배했던 아일랜드의 사례에서 알 수 있듯, 감자 전염병이 돌아 기근이 오면 많은 사람이 굶어 죽거나 삶의 터전을 잃는다.

127

♣22쪽

3. 예시 답안

장점	단점
1. 생산자는 한꺼번에 많은 수확량을 얻을 수 있다. 2. 생산량이 많으므로 소비자는 비교적 저렴한 가격에 식량을 구매할 수 있다.	1. 농약과 비료가 많이 필요하기 때문에 환경이 오염된다. 2. 대량으로 생산하기에 좋은 작물만 살아남고 돈이 되지 않는 작물은 사라진다.

4. 예시 답안

다국적 씨앗 회사들이 개발한 씨앗에 특허권을 주면 안 된다. 씨앗은 발명품이나 상품도 아닌 자연의 일부여서 인류가 공유해야 하는 자원이다. 씨앗이 돈벌이 수단이 되는 것은 바람직하지 않다. 씨앗 회사들이 씨앗을 독점하면 농부들이 씨앗을 거두고 나눌 권리가 사라지는 것도 문제다. 농부들은 계속 씨앗을 사서 써야 하기 때문에 씨앗 회사의 배만 불린다.

♣23쪽

5. 예시 답안

GMO 작물은 해충과 잡초를 더욱 강하게 만드는 문제점을 낳았다. 유전자를 변형할 때마다 해충과 잡초가 더 강해져 농부들은 점점 더 농약에 의존하게 되었다. 이 때문에 환경이 오염되고 사람의 건강도 타격을 받게 되었다. 또 GMO 작물에 들어 있는 해로운 성분이 음식을 통해 사람의 몸에 들어오면 건강에 나쁜 영향을 미칠 수 있다. 토종 씨앗을 지키려면 씨앗도서관을 늘려야 한다. 씨앗도서관은 도서관에서 책을 대여하는 것처럼 씨앗을 빌린 뒤 농사를 지어 씨앗을 되갚는 곳이다. 씨앗도서관에는 토종 씨앗이 많기 때문에 토종 씨앗을 지키는 데 도움을 준다. 토종 씨앗의 체질은 그 지역의 기후나 토질에 꼭 맞기 때문에 우수한 고유 품종을 계속 유지하는 데 기여한다. 씨앗도서관을 늘리면 씨앗을 거두고 나누는 농부의 권리도 지킬 수 있다.

♣24쪽

6. 예시 답안

토종 씨앗은 오랜 시간을 거치면서 그 지역의 땅과 기후에 적응했습니다. 따라서 토종 씨앗으로 농사를 지으면 화학 비료나 농약을 쓰지 않아도 됩니다. 토종 씨앗이 친환경 농사에 도움이 되는 것입니다. 도시에서도 학교와 아파트의 텃밭이나 화단에 토종 씨앗을 심어 농사를 지으면 건강한 작물을 재배할 수 있습니다. 또 길러 낸 토종 작물에서 다시 씨앗을 받을 수 있기 때문에 씨앗을 보존하는 데도 도움이 됩니다. 우리 조상들처럼 작물의 종류가 단순해지지 않도록 노력하려면, 학교와 아파트의 텃밭이나 화단에 토종 씨앗으로 농사를 지어야 합니다.

♣25쪽

7. 예시 답안

국제종자저장고는 자연 재해나 핵전쟁 등의 어려움이 닥쳤을 때 작물이 멸종되지 않도록 보존하는 역할을 한다. 국제종자저장고는 인류의 미래 식량을 지킨다는 점에서 그 가치가 크다. 따라서 우리나라에도 대규모 토종 씨앗 저장 창고를 지어야 한다. 이를 통해 자연 재해나 핵전쟁을 겪어도 토종 작물이 사라지는 것을 막을 수 있다. 따라서 우리나라 사람들의 몸에 잘 맞는 토종 작물을 언제든 길러 낼 수 있는 희망을 이어갈 수 있다. 식량 주권을 지킬 수 있는 점도 중요하다. 토종 씨앗을 보관해 두지 않으면 여러 작물이 멸종되어 결국 외국에서 수입한 씨앗에만 의존하게 된다. 우리 토종 씨앗을 많이 보유하고 있으면, 수입에 의존하지 않고도 필요한 작물을 언제든 심고 길러 낼 수 있다.

03. 『어린이가 꼭 알아야 할 윤리적 소비 착한 소비가 뭐예요?』

♣31쪽

1. 예시 답안

제품을 살 때는 쓰레기가 적게 나오는지, 재활용할 수 있는지, 화석 연료를 적게 사용해 만들었는지 등을 꼼꼼히 따진다. 그리고 포장이 지나치지 않고, 에너지 소비 효율이 높은 제품을 선택한다. 제품을 사용하거나 폐기하는 과정에서도 환경을 훼손하지 않으려고 노력한다.

2. 예시 답안

공정 무역 상품으로 인증을 받으려면 농약이나 화학 비료의 사용을 줄인 친환경 농산물을 생산해야 하므로 환경 문제 해결에도 도움을 줄 수 있다. 예컨대 살비는 다른 목화 농장과 달리 농약을 치지 않고 농사를 지으며, 손으로 벌레를 잡고 풀을 뽑았다. 유기농으로 재배한 목화 수확량은 농약을 친 농장보다 덜했지만 높은 가격을 받을 수 있어 더 많은 이익을 거둘 수 있었다.

♣32쪽

3. 예시 답안

어렸을 적에 일터에 나가면 교육을 받지 못하는 문제가 생긴다. 영양실조와 부상, 질병으로 이어져 건강하게 자랄 수 없다. 어른으로 성장한 뒤에도 숙련된 일을 할 능력을 갖추지 못해 좋은 직업을 가질 수 없다. 또 가난이 대물림되면서 나라의 발전을 방해하게 된다.

4. 예시 답안

▸ 공정 무역 인증 표시가 붙은 제품을 산다.
▸ 공정 무역 홍보 캠페인에 참여한다.
▸ 공정 무역이 활성화되도록 적은 금액이라도 기부한다.

♣33쪽

5. 예시 답안

공정 여행 계획서	
장소	필리핀 이푸가오
기간	○○○○년 ○○월 ○○일~○○월 ○○일
함께 갈 사람	엄마, 아빠, 나, 누나

일정	1일차	필리핀 국적기를 이용해 필리핀 도착, 현지인이 운영하는 전통 가옥에서 숙박하기.
	2일차	필리핀 국립 박물관을 탐방한 뒤. 스페인 식민 시대의 유산인 유럽식 거리 걷기. 산골 마을에서 만나는 전통 차 체험하기.
	3일차	유네스코 세계문화유산인 '계단식 논' 탐방하기. 이푸가오 주술사가 빌어 주는 평화의 축제 참여하기. 현지인이 만든 수공예품과 함께하는 윤리적 소비 실천하기.
	4일차	필리핀 국적기를 이용해 인천 공항 도착.
준비물		여권, 돈(왕복 항공료와 교통비, 식비와 숙박비, 축제 입장료, 원주민 가이드 비용, 필리핀 빈민 지역의 공부방 후원금 등), 사진기, 여벌 옷, 비상약, 수첩, 필기 도구, 세면 도구 등.
주의할 점		환경을 보호하기 위해 일회용품 사용을 줄이고, 대중교통을 이용한다. 여행 안전에 주의한다.
예상 되는 문제점		일반 여행보다 비용이 더 든다. 현지 업체와 연락해 의논하거나 정보를 얻는 데도 어려움이 있다. 일반 여행보다 불편할 수 있다.

♣ 34쪽

6. 예시 답안

화장품 동물 실험은 윤리적으로 정당하지 못하다. 동물도 인간과 같은 소중한 생명체이다. 인간처럼 고통을 느끼기 때문에 인간과 동등하게 배려해야 한다. 그리고 동물과 사람의 피부는 구조와 반응이 다르므로 동물에게 안전하다고 해서 사람에게 꼭 안전하다고 볼 수도 없다. 게다가 과학 기술이 발전해서 동물 실험을 대체할 수 있는 실험이 다양하게 나와 있다. 인공 피부를 활용하면 동물 실험 없이 독성을 평가할 수 있다. 슈퍼컴퓨터를 이용할 경우 어떤 물질이 인간에게 어떤 영향을 미치는지 분석할 수도 있다. 따라서 동물 생체를 실험 대상으로 사용할 필요가 없는 것이다.

♣ 35쪽

7. 예시 답안

착한 소비는 물건을 소비할 때 다른 사람과 사회, 환경에 어떤 영향을 미칠지 생각한다. 노동자의 권리가 보장되었는지, 유통 과정에서 거래는 공정했는지, 환경을 해치거나 동물 실험을 하지는 않았는지 등을 따지는 것이다. 따라서 착한 소비를 하면 노동자의 인권을 지키고 환경을 보호할 수 있다. 사회적 책임을 갖고 윤리적 생산을 하는 기업도 늘어난다. 소비자의 먹거리 안전도 지킬 수 있다. 따라서 환경 파괴를 최소화하는 기업의 상품을 소비해야 한다. 동물 복지에 관심을 갖고 유기농 우유나 자유롭게 풀을 먹고 자란 가축의 육류를 소비한다. 생산자에게 정당한 가격을 지급한 공정 무역 제품을 사서 쓴다. 그리고 자신이 사는 지역과 가까운 지역에서 생산된 제품을 소비하고 중고품이나 재활용품을 적극 활용한다.

04. 『놀면서 배우는 세계 축제 ①』

♣ 41쪽

1. 예시 답안

축제는 하늘에 제사를 지낼 때, 신을 기쁘게 하기 위해 춤과 노래, 놀이 등의 집단 의식을 하던 데서 시작되었다.

2. 예시 답안

▶ 영국 노팅힐축제 : 돈을 벌기 위해 런던의 변두리인 노팅힐으로 이주해 살던 흑인들이 고향을 생각하며 벌이던 잔치가 변해 축제가 되었다. 퍼레이드가 유명하다.

▶ 브라질 삼바축제 : 해마다 2월 말부터 3월 초까지 4일 동안 열린다. 삼바 리듬에 맞춰 춤을 춘다. 이 축제에 참가하려면 1년 전부터 삼바 학교에 입학해야 한다.

▶ 일본 삿포로눈꽃축제 : 제2차 세계대전이 끝난 뒤 소년들이 우울해하는 사람들을 위로하기 위해 눈을 뭉쳐 재미있는 조각을 만들면서 시작되었다. 세계 3대 축제 가운데 하나다.

♣ 42쪽

3. 예시 답안

축제는 나라의 위치나 날씨, 계절 등 환경의 영향을 많이 받는다. 또 그 나라의 역사나 종교, 민족성의 영향도 받기 때문이다.

4. 예시 답안(그림 생략)

축제 이름, 행사 내용과 특징, 축제 장소와 시간 등을 넣어 만든다. 특히 외국인 노동자들은 월급이 적고 의사 소통이 안 되는 어려움이 있으며, 편견과 차별 대우도 심해서 마음고생도 많다고 한다. 따라서 이런 내용을 활용하면 좋은 축제를 꾸밀 수 있다.

♣ 43쪽

5. 예시 답안

♣ 44쪽

6. 예시 답안

▶ 축제는 모두 함께 참여하는 행사임을 잊지 않는다.
▶ 축제를 하는 까닭을 알고 참여한다.
▶ 너무 늦은 시간까지 행사에 참여하지 않는다.
▶ 다툼이 일어나지 않도록 서로 배려한다.
▶ 축제 장소에 음식물 쓰레기를 버리지 않는다.
▶ 쓰레기는 정해진 장소에 버린다.
▶ 축제 때 정해진 규칙을 지킨다.

초등학생 문해독서 중급 1호 답안과 풀이

♣ 45쪽

7. 예시 답안

　김제지평선축제는 1999년 시작되었습니다. 그런데 축제가 열리게 된 이야기는 오래전으로 거슬러 올라갑니다. 먼 옛날에 마음씨 고운 부부가 김제에 살았어요. 가진 것이라고는 작은 논이 전부였지만, 효심이 깊어 어머님을 정성껏 모시며 살았어요. 부부는 어머님을 날마다 즐겁게 해드리는 게 효도라고 생각했어요. 그런데 어느 날 어머님이 까닭 모를 병에 걸렸어요. 부부는 정성껏 간병했지만 건강은 좀처럼 나아지질 않았어요. 어머니께서는 "얘들아! 난 너희가 감사하며 열심히 살면 늘 기쁘단다."라는 말을 남기고, 웃는 얼굴로 눈을 감으셨어요. 그날 이후 부부는 어머님의 유언처럼 이른 아침부터 노을이 질 때까지 열심히 농사를 지었어요. 가을이 되고, 논이 황금색으로 물들 때면 어머님의 보살핌에 감사하는 제사도 잊지 않았죠. 제사를 지낸 뒤 지평선이 끝없이 펼쳐진 넓은 황금 들녘에서 어머님이 기뻐하시게 밤새도록 춤도 추었어요. 그 뒤 마을 사람들은 추수 때가 되면 잔치를 벌였어요. 드넓은 들에서 춤추고 노래하며 한 해 농사가 무사히 마무리된 것에 감사했지요.

05. 『고흐 마음을 담은 그림 편지』

♣ 51쪽

1. 예시 답안
▶ 자신의 얼굴을 좋아했기 때문이다.
▶ 돈이 없어서 모델을 쓸 수 없었기 때문이다.
▶ 자신을 응시하는 화가의 시선을 그림의 주제로 삼을 수 있다는 점에 매력을 느꼈기 때문이다.

2. 예시 답안
　모네의 생각대로 그림을 사진처럼 그리면 화가의 그림은 누가 그리든지 똑같을 거야. 그런데 고흐는 그림을 그릴 때 마음의 눈으로 그렸어. 그래서 색을 칠할 때도 감정과 의미를 담았지. 고흐처럼 마음의 눈으로 대상을 바라보면 똑같은 대상에서 다른 화가가 보지 못한 새로운 것을 발견할 수 있어. 이러한 새로움이 미술 작품을 더 값어치 있게 만든다고 생각해.

♣ 52쪽

3. 예시 답안
　그림을 통해 진실을 알리는 것이 중요하다고 생각했기 때문이다. 고흐는 광부들과 함께 일하면서 그들의 힘든 삶을 알게 되었다. 체격이 작은 광부와 어린이, 소녀들이 죽을 때까지 일을 해도 가난에서 벗어나지 못한다는 점을 발견하고, 그들에게 동정심을 느꼈다. 고흐는 이러한 동정심처럼 마음을 움직이는 진실이야말로 예술가가 표현해야 할 대상이라고 믿었다.

4. 예시 답안
　고흐의 그림은 밀레의 그림을 새로운 생각으로 다시 그렸으므로 창의적이라고 볼 수 있다. 고흐는 밀레를 본보기로 삼을 만한 스승으로 여겼다. 밀레의 그림 가운데서도 특히 '씨 뿌리는 사람'을 좋아해서 여러 차례 베껴 그렸다. 하지만 실제 그림을 보면 느낌이 다르다. 고흐는 사람에게 싹을 틔우는 힘은 사랑에서 나온다고 생각했다. 그래서 고흐가 그린 '씨 뿌리는 사람'에는 따뜻한 느낌이 들어 있다. 창의성이란 지금까지 없었던 새로운 것을 생각해 내는 능력이다. 하지만 고흐의 '씨 뿌리는 사람'처럼 이미 있는 것을 새롭고 독창적인 생각으로 다시 만들어 내는 일도 창의성에 포함된다.

♣ 53쪽

5. 예시 답안
　농부는 오늘도 낡은 신발을 신고 농사를 지으러 밭으로 간다. 여기저기 돌이 박혀 있는 밭을 일구는 동안 신발 바닥에는 구멍이 나고, 바닥으로 흙이 들어온다. 신발을 벗어 돌 위에 탁탁 털어 내자 가죽 조각이 벗겨진다. 농부는 땀 냄새가 나는 신발을 소중히 벗어 두고 새참을 먹는다. 다시 신발을 신고, 날이 저물기 전에 하던 일을 마친다. 신발 끈은 흙이 잔뜩 묻어 까맣다. 농부는 집으로 돌아온 뒤 신발을 벗어 흙을 털고 내일을 위해 끈을 다시 묶어 놓는다.

♣ 54쪽

6. 예시 답안
▶ 돈벌이를 위해 그림을 그릴 것이다 : 고흐는 가난에 쪼들렸지만 동생 테오의 도움 덕에 그림을 그릴 수 있었다. 하지만 평생 동안 동생에게 도와 달라는 것은 염치없는 일이다. 고흐가 동생의 힘든 사정을 생각한다면 길거리에 나가 사람들의 초상화를 그리는 일을 하거나, 돈을 받고 그림을 그리는 일을 찾아야 한다.
▶ 자신만의 그림을 그릴 것이다 : 고흐는 가난에 쪼들렸지만 동생 테오의 도움 덕에 그림을 그릴 수 있었다. 동생이 고흐를 도운 것은 형의 그림 실력을 알고 있었고, 형이 훌륭한 화가로 성공하기를 바랐기 때문일 것이다. 그런 동생의 마음을 안다면 돈벌이를 위해 그림을 그릴 것이 아니라 자신만의 그림을 그리려고 더 노력해야 한다.

♣ 55쪽

7. 예시 답안
　그림 속 북한 인공기가 적화 통일을 뜻한다고 여겨서는 안 된다고 봐요. 인공기와 태극기를 함께 그린 까닭은 남북한이 화합하자는 뜻을 표현하려고 한 것 같습니다. 남북한이 싸우면 평화 통일을 이룰 수 없기 때문이지요. 그림에는 남북한의 아이들이 서로 손을 잡고 함께 노는 모습도 담겨 있어요. 이렇게 남북한이 화합하면 통일나무가 무럭무럭 자랄 것이고, 언젠가 꽃을 피우고 열매를 맺게 될 것이라는 희망이 담겨 있지요. 태극기와 인공기를 양 손에 잡고 웃는 나무의 모습에서 통일의 희망을 느끼지 않나요. 유명한 화가인 고흐도 마음의 눈으로 그림을 그렸다고 해요. 이 그림을 통일을 바라는 마음으로 그린 아이의 입장에서 봐 주세요.

06. 『내가 나라를 만든다면?』

♣ 61쪽

1. 예시 답안
　국민의 대표자를 뽑을 때는 후보자가 실천이 가능하고 꼭 필요한

초등학생 문해독서 중급 1호 답안과 풀이

약속을 했는지 살펴야 한다. 그리고 그 후보자가 과거에 했던 공약을 잘 지켰는지도 따져 봐야 한다. 후보자가 법을 지키면서 살았는지도 검증한다. 과거에 도덕성이 낮다거나 성실하지 않다는 평가를 받은 사람은 찍으면 안 된다.

2. 예시 답안

전쟁을 하면 어느 편이 이기든지 많은 사람이 죽거나 다친다. 땅이나 건물도 못 쓰게 파괴되고, 경제도 망가져 회복하려면 오래 걸린다. 전쟁에 참여한 군인이나 가족을 잃은 사람은 충격 때문에 평생 정신적 고통에 시달린다. 무엇보다 전쟁을 통해 나라를 빼앗으면 나중에 힘이 센 나라에게 다시 나라를 빼앗기는 악순환이 일어난다.

♣62쪽

3. 예시 답안

세금은 정치인들이 나라를 운영하기 위해 쓰는 돈이다. 즉, 나라 살림에 쓰려고 국민에게 걷는 돈이다. 학교와 도서관을 짓고, 공원을 만드는 데 세금이 쓰인다. 국민의 대표자들이 제멋대로 세금을 쓰면 안 되는 이유는 다른 중요한 곳에 쓰일 돈이 부족해지기 때문이다. 경전철이나 공항을 건설할 때 효과를 잘 따져 보지도 않은 채 사업을 벌이면 세금을 낭비하게 된다. 경기도 의정부의 경전철은 2012년에 운행하기 시작했는데, 손해가 많이 나서 5년 만인 2017년에 운행을 중단했다.

4. 예시 답안

법 조항의 예	다른 사람의 재물을 훔친 자는 6년 이하의 징역 또는 1000만 원 이하의 벌금에 처한다.
법 조항	횡단보도를 걸을 때 휴대전화를 사용하면 1년 이하의 징역 또는 1000만 원 이하의 벌금에 처한다.
법을 정한 까닭	도로를 걸을 때 발생한 교통사고의 62퍼센트가 휴대전화를 사용하다가 일어난다고 한다. 휴대전화를 사용하면서 걸으면 자동차 소리를 알아채지 못하고 전화기의 화면과 앞만 보기 때문이다. 따라서 이런 법을 만들어 횡단보도를 걸을 때 휴대전화를 사용하지 못하게 만들고 싶다.

♣63쪽

5. 예시 답안

지구 온난화 문제를 들겠다. 이 문제는 어느 한 나라의 노력으로는 해결하기 어렵다. 한 곳에서 배출한 온실가스가 대기를 타고 지구 전체로 퍼지기 때문에 모든 나라가 힘을 합쳐야 해결할 수 있다. 해결 방법은 에너지를 절약하고, 폐기물을 재활용해 온실가스를 줄이는 일이다. 그리고 환경을 해치는 제품을 사용하지 말고, 석유나 석탄 등 화석 연료 대신 태양광이나 풍력 등 지속 가능한 에너지를 개발해야 한다. 이산화탄소를 흡수하는 숲도 많이 가꿔야 한다.

♣64쪽

6. 예시 답안

외교란 국가들끼리의 문제를 무력을 쓰지 않고 협상을 통해 해결하는 기술이다. 최소한의 희생으로 최대한의 국가 이익을 실현하는 데 목적이 있다. 북한의 비핵화 문제를 평화적으로 해결하려면 남북한은 물론 미국과 협상을 잘해야 한다. 협상이 성공하려면 미국이 힘이 세다고 북한에게 무조건 양보하라며 위협하면 안 된다. 북한도 핵폭탄을 쏘아 불바다를 만들겠다고 위협하면 안 된다. 무력 대결로 가면 수많은 사람이 죽거나 다친다. 외교가 성공하려면 어느 한쪽이 완전히 이기는 게임을 하면 안 된다. 한 발씩 양보하는 자세가 필요하다.

♣65쪽

7. 예시 답안

학생들이 어려서부터 자신의 끼를 발견하고 키울 수 있는 교육 제도를 갖춘 나라를 만들고 싶다. 우리나라의 학생은 대개 어려서부터 좋은 대학에 가기 위해 공부한다. 그러다 보니 사는 것이 행복하지 않다고 말하는 초등학생이 적지 않다. 그래서 다양한 경험을 통해 하고 싶은 것을 찾고, 자기도 잘하는 일이 있다는 사실을 깨닫게 해 주고 싶다. 아이들이 자신감을 얻고 행복을 느끼면 어른이 돼서도 잘살 수 있다. 또 직장의 근로 시간을 줄여 가정이 행복한 나라를 만들고 싶다. 우리나라의 경우 근로 시간이 다른 나라에 비해 긴 편이다. 근로 시간이 길면 건강을 챙기기 어렵고, 가족과 보낼 시간이 부족하다. 이렇게 되면 부모뿐만 아니라 아이들도 행복을 느끼지 못한다. 가정에서 행복을 느끼지 못하면 어른은 밖에서 일을 제대로 하기 어렵고, 아이들은 정서가 불안해 친구들과의 관계에서도 어려움을 겪을 수 있다.

07. 『한밤중 달빛 식당』

♣71쪽

1. 예시 답안

▶ 지우고 싶은 기억과 이유 : 회장 선거 때 후보로 출마했는데 한 표가 나와 친구들이 웃었던 일을 지우고 싶다. 그 이유는 아무도 나를 인정해 주지 않는 것 같아 창피하고 속상했기 때문이다.

▶ 간직하고 싶은 기억과 이유 : 친구가 전학을 가면서 그동안 친절하게 대해 줬다며 고마움을 담은 편지와 선물을 주고 간 일을 기억하고 싶다. 그 이유는 그때 일만 기억하면, 내가 정말 괜찮은 사람이라는 생각이 들고, 그 친구와 친하게 지냈던 시간이 더욱 소중하게 느껴지기 때문이다.

2. 예시 답안

사람들이 나쁜 짓을 해서 생긴 기억을 마음대로 지울 수 있다면, 죄책감을 느끼지 못하기 때문에 같은 죄를 다시 짓는 문제가 생길 수 있다. 이렇게 되면 다른 사람에게 상처를 주거나, 사회 문제를 일으킬 수 있다. 친구를 따돌렸던 가해자가 기억을 지우면 같은 잘못을 다시 저지를 수도 있고, 피해자는 사과를 받지 못하는 문제가 생길 수도 있다.

♣72쪽

3. 예시 답안

동호가 연우를 문구점에 데려가 자신이 잃어버린 오만 원을 가져간 것이 맞는지 확인하는 과정은 동호와 연우 모두에게 나쁜 기억을 남기는 일이다. 이렇게 되면 연우는 씻을 수 없는 모욕감을 느껴 상처를 크게 받는다. 또 친구에게 그런 모욕감을 준 동호 역시 부드럽게 행동

131

초등학생 문해독서 중급 1호 **답안과 풀이**

하지 못한 점을 후회하고 피해 의식도 느낄 것이다. 따라서 동호가 자신의 의심도 풀고 서로 좋은 기억이 남도록 하려면, 동호는 연우에게 먼저 어떻게 된 일인지 사정을 물었어야 했다. 연우도 동호가 문방구 주인에게 실내화를 사고 거스름돈을 받은 사실을 확인시켰으면 기억을 잃어버려 그렇다고 솔직하게 얘기해야 한다. 동호가 연우의 말을 믿지 않을 수도 있지만, 그래야 서로 대화를 통해 화해할 수 있는 길이 열린다. 또 돈을 잃어버렸을 때는 자기 생각대로 범인을 지목하면 안 된다. 반 아이들 모두가 있는 앞에서 오만 원을 잃어버렸는데, 꼭 필요한 돈이니 주운 사람은 자기에게 돌려 달라고 하거나, 담임 선생님께 말씀을 드려 문제를 해결해야 한다. 그러면 동호나 연우처럼 나쁜 기억으로 남지 않을 가능성이 커진다.

4. 예시 답안

나쁜 기억이 사라진다고 행복한 것은 아닙니다. 나쁜 기억이 삶에 나쁜 영향만 주는 것은 아니기 때문입니다. 나쁜 기억을 교훈 삼아 잘 살려고 노력하면, 이해심이 많거나 자기 관리를 더 잘하는 등 좋은 사람으로 성장할 수 있습니다. 어떤 일이든 크게 보면 우주처럼 보입니다. 행복도 마찬가지랍니다. 나쁜 기억을 자꾸만 생각하면 행복은 오지 않습니다. 따라서 나쁜 기억을 없애려 하지 말고, 좋은 기억을 많이 생각하는 것이 좋습니다. 나쁜 기억을 생각할지 좋은 기억을 생각할지는 자신의 선택에 달려 있습니다.

♣ 73쪽

5. 예시 답안

▶ 동호의 돈을 몰래 주워 쓴 나쁜 기억 : 동호의 돈을 몰래 주워 쓴 나쁜 기억은 앞으로 다시는 남의 돈을 탐내지 않겠다는 교훈으로 삼는 게 좋다. 돈을 많이 벌어 학용품과 실내화를 사지 못하는 가난한 어린이들을 도울 것이라는 다짐을 하면서 공부를 열심히 해도 좋다.

▶ 엄마를 사고로 잃은 슬픈 기억 : 엄마를 사고로 잃은 슬픔은 그만큼 엄마의 사랑을 기억하는 힘이 된다. 엄마가 곁에 안 계셔서 외롭거나 힘들 때 '사랑한다'는 엄마의 말을 떠올리면 큰 힘이 되기 때문이다. 또 엄마를 돌아가시게 한 사고를 다른 사람들이 당하지 않게 예방하는 활동을 해도 된다. 엄마에게 받은 사랑을 끝까지 기억하면서 자기 자식이나 다른 사람에게 사랑을 베풀어도 좋다.

♣ 74쪽

6. 예시 답안

기억은 내가 존재한다는 증거이다. 아무리 하찮게 여긴 기억이라도 기억은 내가 어떻게 살아왔는지, 어떤 생각을 하는지 등 내가 존재하는 증거임을 확인해 준다. 우리나라에는 머리를 다치거나 뇌세포가 늙어 기억을 잃은 치매 환자가 계속 늘어난다. 이들은 가족과 이웃의 존재는 물론 좋은 기억과 나쁜 기억까지 모두 상실해 자기가 누구인지조차 알지 못하기도 한다. 따라서 기억을 잃으면 자기의 존재를 잃는 것과 같과 마찬가지이다. 이 책의 주인공 연우의 엄마는 사고로 돌아가셨다. 엄마는 돌아가셨지만 엄마에 관한 기억은 아빠나 연우, 연우네 가족을 아는 모든 사람들에게 공통된 기억으로 남아 있다. 엄마와의 기억을 떠올림으로써 자기가 어떤 사람인지 확인하는 근거가 된다. 이처럼 사람은 나쁜 기억도 간직하고 살아야 극복하기 위해 노력하는 과정에서 자기를 확인하고 행복해질 수 있다.

♣ 75쪽

7. 예시 답안

행복은 대개 자신이 어떤 생각을 하느냐에 따라 결정된다. 얼핏 보기에는 세상에 태어날 때부터 항상 행복하게 살거나 불행하게 살도록 결정지어진 사람이 있는 것처럼 보일 수 있다. 특히 자신이 하려는 일이 마음대로 안 될 때면 더욱 그렇다. 하지만 누구나 행복한 일도 겪고 불행한 일도 겪는다. 이 책의 주인공 연우는 어린 나이에 부모님을 잃는 등 큰 불행을 겪었다. 나는 연우와 같은 입장이라면 불행이 조금 일찍 찾아왔을 뿐이라고 생각한다. 또 '나는 힘든 일을 어린 나이에 겪고 있으니 꼭 훌륭한 사람이 될 거야.' 하고 긍정적인 생각을 많이 해서 나쁜 기억을 덜 하도록 노력한다.

08. 『옹고집전』

♣ 81쪽

1. 예시 답안

옹고집이 자기 잘못을 깨닫고 못된 버릇을 고치기를 원했기 때문이다.

2. 예시 답안

돈만 좋아하면서 부모에게 불효하고 자식에게 부모의 도리를 다하지 않으면 벌을 받는다는 사실을 깨달을 수 있다.

♣ 82쪽

3. 예시 답안

참된 부자는 어진 마음으로 어려운 사람을 도울 수 있어야 하기 때문이다. 예를 들어, 세계적으로 손꼽힐 만큼 돈을 많이 번 빌 게이츠는 '기부왕'으로 불린다. 그는 남을 위해 돈을 쓰는 것을 의미 있고 재미있는 일이라고 생각한다. 이에 비해 옹고집은 재산이 많은데도 다른 사람을 도울 줄 모르고, 친척들이 잘사는 것조차 못 볼 일이라고 말한다.

4. 예시 답안

옳지 못한 방법으로 돈을 모으면 사람들한테 미움을 받아 결국 자신도 불행해진다. 옹고집은 돈을 꾸어 갔다고 가짜로 꾸민 장부를 보여 주며 사람들의 돈을 빼앗았다. 이런 방법으로 돈을 모으면 사람들에게 상처를 입히고 미움을 산다. 이는 옹고집이 가짜 옹고집 때문에 고통을 겪었듯 자신도 벌을 받는 결과로 이어질 수 있다.

♣ 83쪽

5. 예시 답안

위 사람은 돈에 눈이 멀어 사람이 소중한 줄을 몰랐습니다. 자기 욕심을 채우려고 온갖 나쁜 짓을 저질러 다른 사람들에게 고통을 주었습니다. 하지만 그동안 자기가 지은 잘못을 깨닫고 반성했습니다. 이에 사면장을 발부합니다.

초등학생 문해독서 중급 1호 답안과 풀이

♣84쪽

6. 예시 답안

나를 위해 돈을 썼을 때 행복한 점	남을 위해 돈을 썼을 때 행복한 점
기분이 좋아진다. 갖고 싶던 물건을 사거나 먹고 싶은 것을 사 먹으면 한때나마 만족감을 느낄 수 있다. 또 뭔가 배우려고 돈을 쓴다면 더 나은 사람으로 발전할 수 있다. 어른이 돼서 잘 살려면 지금부터 내가 잘할 수 있는 일을 찾아 부지런히 배워야 한다.	뿌듯한 느낌이 든다. 이런 느낌은 몸에서 나오는 좋은 호르몬 때문인데, 면역력을 높여 건강에 도움을 준다. 또 보람을 느낄 때 나오는 쾌감이 좋은 에너지를 만들어 일도 잘할 수 있게 돕는다. 그래서 수입도 늘고 사람들에게 인정을 받아 행복을 느낄 수 있다.

♣85쪽

7. 예시 답안

2018년 세상을 떠난 구본무 LG그룹 회장은 '소록도 할매 천사'로 알려진 오스트리아 출신의 두 간호사를 돕는 일을 하는 등 자신이 모은 재산으로 나눔의 모범을 보였다. 부자가 나눔의 모범을 보여야 하는 까닭은, 가난한 사람들에게 힘을 주기 위해서다. 부자가 자기 이익만 챙길 경우 가난한 사람은 '다른 사람들은 행복한데, 나만 왜 이렇게 불행할까' 하고 생각하며 좌절하게 된다. 이에 비해 뉴스에서 부자가 어려운 사람을 돕고, 일자리를 만들어 주었다는 소식을 들으면, 사람들은 자신과 관련된 일이 아니어도 기뻐하며 힘을 얻는다. 그리고 부자가 나눔의 모범을 보이면, 나중에 나도 부자가 되어 좋은 일을 하고 싶다는 마음을 다지게 된다.

09. 『딴지 가족』

♣91쪽

1. 예시 답안

딴지 가족은 친구들이 금지된 행동을 하면 선생님께 고자질하고, 자기 눈에 거슬리는 행동을 하거나 규칙을 어기면 하나하나 따졌다.

2. 예시 답안

딴지야! 친구가 낙서를 하거나 휴지를 버리면 선생님께 고자질하기보다는 충고를 해 봐. 충고한 뒤에 함께 낙서를 지우고 휴지를 주우면, 학교 환경도 나아지고 친구들과도 사이좋게 지낼 수 있을 거야.

♣92쪽

3. 예시 답안

거짓 정보가 퍼져서 기업의 제품이 잘 팔리지 않고, 소비자들은 그 기업을 부정적으로 생각한다. 결국 기업의 경쟁력이 약해져 소비자들도 좋은 제품을 살 수 없다.

4. 예시 답안

사회가 발전하는 데 필요한 바른말은 약속을 지키자는 말, 질서와 도덕을 지키자는 말, 남을 배려하는 말 등이다.

♣93쪽

5. 예시 답안

두루미와 여우는 서로에게 화가 나서 만나지도 않았다. 두루미는 여우가 접시에 음식을 내놓은 이유를 알 수 없어 화가 났고, 여우도 두루미가 호리병에 음식을 담아 준 것을 이해할 수 없었다. 며칠 뒤, 학교 수업 시간에 속상했던 경험을 발표하게 되었다. 여우와 두루미는 서로의 집에서 겪었던 일을 발표했고, 이야기를 들은 여우와 두루미는 깜짝 놀랐다. 둘은 상대방이 왜 음식을 먹지 못했는지 궁금하지 않았고, 묻지도 않았다. '그래, 두루미의 부리는 뾰족해서 접시의 음식을 하나도 먹지 못했구나!' '그래, 여우의 입으로는 호리병 속에 있는 음식을 먹을 수가 없어!' 여우와 두루미는 맛있는 음식을 앞에 놓고도 굶어야 했던 상대방의 처지를 생각하며 미안한 마음이 들어서 사과를 하면서 화해했다. 그리고 여우는 두루미를 위해 호리병을 준비하고, 두루미는 여우를 위해 접시를 준비한 뒤 상대방을 다시 초대해 즐거운 시간을 보냈다.

♣94쪽

6. 예시 답안

상황	까칠한 투사	얼짱 가족
이웃이 잔 지네 집 앞에 주차했다. (39쪽)	"경찰에 신고할 겁니다. 질서와 도덕을 중시해야 진정한 정의가 구현되는 겁니다!"라며 이웃에게 소리를 지름.	다정한 목소리로 "요즘 내 집 앞에도 주차하기가 정말 힘들지요? 언제든 필요하면 말씀하시고 주차하세요!"라고 말함.
도로에서 차가 깜빡이를 켜지 않고 갑자기 끼어들었다. (41쪽)	"깜빡이는 폼으로 달아 놨나. 그렇게 바쁘면 어제 아침에 출발하지 그랬어?"라며 브레이크를 밟고 욕을 함.	"급한 일이 있는 분이 틀림없어. 조심조심 먼저 지나가세요."라고 말함.
어묵에 머리카락이 하나 떨어져 있다. (124쪽)	사진을 찍고, 휴대전화를 꺼내며, "당장 신고해야지. 더러운 머리카락이 떨어진 걸 먹으면 어떻게 되는지 알아요?" 라고 소리를 지름.	"아이고, 괜찮습니다. 사람이 너무 깨끗한 척하면 인정이 없는 법이지요. 하하하!"라며 유쾌하게 웃어 줌.

♣95쪽

7. 예시 답안

공감 능력은 남의 감정이나 의견에 자신도 그렇다고 이해하고 느끼는 능력을 말한다. 공감 능력은 공동체 생활을 할 때 서로의 처지를 이해하고 갈등을 해결하기 위해 필요하다. 공감 능력이 부족하면 공동체 생활을 하면서 나의 이익을 위해 도덕과 규칙을 악용하거나, 자신의 의견만 앞세워 다른 사람에게 해를 끼칠 수 있다. 최근 유명 음식점의 대표가 다른 사람의 반려견에게 물려 치료를 받다 사망했다. 이 개는 사고 당시 목줄과 입마개를 하지 않았다. 어린이들은 애완견을 키울 때 자기 중심적인 생각을 버리고, 예절과 책임을 다하는 자세가 필요하다. 다른 사람의 처지에서 생각할 경우 나에게 소중하고 귀

초등학생 문해독서 중급 1호 답안과 풀이

여운 개가 다른 사람에게는 위협이 될 수 있다는 것을 이해할 수 있어야 한다.

10. 『화요일의 두꺼비』

♣ 101쪽

1. 예시 답안

워턴은 추운 겨울인데도 맛있는 딱정벌레 과자를 고모에게 갖다 드릴 만큼 용기가 많다. 내가 위기에 빠진다면 내 친구 행복이도 용기를 내서 달려올 것이다. 나는 평소 행복이와 준비물도 잘 나눠 쓰고, 간식도 나눠 먹고, 서로 좋아하는 게임도 비슷해 함께 보낸 시간이 많아 서로를 잘 이해한다.

2. 예시 답안

▶ 스웨터 세 벌과 외투 네 벌을 껴입고, 장갑을 끼고 모자를 쓰는 거야. 눈밭에서는 스키를 타야지. : 워턴은 명랑하고, 문제 해결력이 뛰어나다.

▶ 참 안됐구나. : 워턴은 정이 많고, 친구를 소중하게 생각한다.

▶ 난 친구 따윈 필요 없어. 내 이름이 있다면 조지가 좋겠다. : 조지는 무뚝뚝한 척해도 남의 말에 귀를 기울인다.

▶ 오늘 밤에도 차 끓일 거야? 어쩌면 나 차 마실지 몰라. : 조지는 퉁명스러운 척해도 상냥하고, 외로움을 잘 탄다.

♣ 102쪽

3. 예시 답안

조지는 친구도 없이 혼자 지내며 남을 경계했다. 하지만 워턴이 긍정적이고 따뜻하게 조지를 대하며 조지의 말을 잘 들어주자, 퉁퉁거리던 태도가 변하고 상냥해졌다. 함께하는 경험이 쌓이고, 서로의 이야기를 먼저 들어주면 관계도 친밀해지고 성격도 다른 친구와 비슷해지는데, 조지도 워턴의 명랑한 성격을 점점 닮아 갔다.

4. 예시 답안

배려하기
친구와 간식을 먹는데, 친구가 떡볶이를 먹고 싶다고 말하는데도 내가 좋아하는 햄버거를 먹었다.

솔직하기
친구가 시험에서 나보다 점수를 잘 받고 기뻐하는 모습에 부럽고 속상했지만 속마음과 다르게 축하한다고 말했다.

칭찬하기
친구가 학교 장기자랑에서 인기상을 받았는데 칭찬하지 않고, 나도 그 정도 노래는 할 수 있다며 입을 삐죽거렸다.

♣ 103쪽

5. 예시 답안

지난해 체육 대회 때 달리기를 하다 넘어졌다. 너무 아프고 창피해서 눈물이 그치지 않았는데, 행복이가 달리기를 멈추고 나에게 다가왔다. 그리고 손을 내밀어 나를 일으켜 세워 주었다. 그 순간 창피함도 사라지고, 눈물도 멈출 수 있었다. 행복이는 나와 나란히 꼴찌를 했다. 처음에는 이해되지 않았지만, 행복이는 해맑게 웃으며 지난 소풍 때 내가 나눠 준 물이 정말 시원하고 맛있었다고 말했다. 나는 기억도 못하던 일이다. 행복이는 그때 정말 목이 말랐는데, 물을 나눠줘서 고마웠다고 했다. 그저 나에게 있는 것을 조금 나눴을 뿐인데, 오늘처럼 힘든 순간에 다가와 손을 내밀어 준 것이다. 이런 일을 겪은 뒤, '뿌린 대로 거둔다.', '콩 심은 데 콩 나고, 팥 심은 데 팥 난다.'라는 속담이나 '자업자득', '인과응보'라는 한자성어처럼 내가 평소 행동한 결과가 나에게 고스란히 돌아온다는 교훈을 얻었다.

♣ 104쪽

6. 예시 답안

워턴과 조지는 고모 집에 무사히 도착했습니다. 툴리아 고모는 추운 겨울에 올빼미를 타고 날아 온 워턴을 보고 깜짝 놀랐지요. "고모! 놀라지 마세요! 저희는 친구예요." 워턴은 툴리아 고모에게 숲 속에서의 일어난 일을 말씀드렸고, 그제서야 고모는 안심하셨습니다. 툴리아 고모 집에서 맛있는 과자를 나눠 먹으며 워턴과 조지는 며칠을 즐겁게 보냈고, 조지는 고모가 돌봐 주셔서 건강해졌습니다. 워턴은 조지의 등에 타고 집으로 돌아왔습니다. 워턴과 조지는 함께 지낼 수 없는 사이였지만, 조지는 종종 워턴을 등에 태우고 하늘을 날았습니다. 워턴은 조지에게 스키를 타는 법을 가르쳐 주었습니다. 둘은 가끔 조지의 집에서 함께 차를 마시며 밤새 서로의 이야기를 들었습니다. 하지만 이제는 둘이 아니었습니다. 워턴이 구해 준 사슴쥐도 함께했고, 조지를 함께 구한 사슴쥐의 친구들도 밤새 함께했습니다. 조지의 집은 아침이 되도록 불이 꺼지지 않고, 웃음소리도 끊이지 않았습니다. 이제 더 이상 숲 속에서 친구가 없는 외로운 동물은 없었습니다.

♣ 105쪽

7. 예시 답안

행운이와는 4학년 때 처음 같은 반이 되었다. 첫인상이 별로 좋지 않더니 역시 체육 시간에 잘난 척하는 게 눈에 거슬렸다. 수학 문제도 나보다 빨리 푸는 게 마음에 들지 않았다. 우리 둘 사이는 마치 천적 같았다. 하지만 어떻게 하면 행운이처럼 수학을 재미있는 방법으로 풀 수 있는지 배우고 싶었다. 행운이와 함께 공부하면 효과적일 것 같

초등학생 문해독서 중급 1호 답안과 풀이

았다. 그동안 행운이가 수학을 잘하는 것을 칭찬한 적이 없었다. 질투가 나서였다. 내일은 용기를 내서 내가 어렵게 해결한 수학 문제를 물어 볼 것이다. 그리고 고맙다고 말하며 함께 떡볶이를 먹자고 이야기할 것이다. 이렇게 서로 좋아하는 것을 공유하고 어려운 문제를 함께 해결하면 갈등도 풀릴 것이다.

11. 『어린이를 위한 바보 빅터』

♣ 111쪽

1. 예시 답안
　학교 선생님들과 친구들은 빅터가 이해 능력이 또래보다 떨어지고 말을 더듬기 때문에 IQ(지능지수)가 낮다는 선입견을 갖고 있었기 때문이다.

2. 예시 답안
　나는 살면서 오늘처럼 사람들이 내 말을 믿지 않아도 절대로 포기하지 않을 것입니다. 처칠처럼 하루에 몇 시간씩 책을 읽고, 걸을 때도 발음 연습을 해 말더듬이를 고칠 것입니다. <u>내 인생에서 포기는 없다고 나와 약속합니다.</u>

♣ 112쪽

3. 예시 답안
▸ 빅터는 다른 사람의 아이디어를 베끼지 않았습니다. →중심 문장
▸ 빅터는 남들과 다른 아이디어를 가지고 있습니다. 나뭇가지로 신기한 동물 모양을 만들고, 교내 만들기 대회에서 최고의 엔지니어상을 받았기 때문입니다. →뒷받침 문장

4. 예시 답안

문 항	그렇다	아니다
1. 나의 가족은 나를 배려한다.	5	
2. 나의 가족은 나를 이해한다.	5	
3. 다른 사람이 내 생각을 인정한다.		0
4. 어떤 일로 괴로움을 겪는 일이 적다.	5	
5. 어떤 것을 결정할 때 어려움 없이 스스로 결정한다.		0
6. 하고 싶은 말은 대부분 한다.		0
7. 다른 사람과 함께 있을 때 행복하다.	5	
8. 많은 사람들이 나를 좋아한다.	5	
1. 가끔 스스로 내가 아니었으면 한다.		5
2. 나는 고쳐야 할 점이 많다.	0	
3. 내 외모가 타인보다 못하다는 생각이 든다.		5
4. 다른 사람보다 사랑받지 못한다.		5
5. 가끔 내가 한 일에 실망스럽다.	0	
6. 여러 사람 앞에 나서서 이야기하기 싫다.	0	
7. 가족들이 나에게 기대를 많이 한다.		5
8. 가끔 집을 나가고 싶다.		5
자존감 지수		50

♣ 113쪽

5. 예시 답안
▸ 내 장점은 잘 웃는다/친구들과 두루두루 친하다/내 방을 잘 정리한다 등.
▸ 내 단점은 아침에 늦잠을 잔다/수업 시간에 가끔 떠든다/어른들의 충고에 토라지는 경우가 있다 등.

```
내 생각 사용 설명서

√ 나는 항상 자신을 믿는다.
√ 내 장점은 잘 웃고, 친구들과 두루두루 친하게 지내며, 내
  방 정리를 잘하는 것이다. 친구들의 장점을 본받아 장점을
  더 계발할 것이다.
√ 내 자신의 능력을 미리 판단하지 말자.
√ 내 단점은 아침에 늦잠을 자고, 수업 시간에 가끔 친구들과
  떠들며 어른들의 충고에 토라지는 것이다. 하지만 처칠처럼
  단점을 부끄러워하지 않고, 부족한 점을 고칠 때까지 노력해
  이겨 낼 것이다.
```

√ 성숙한 사람은 장점과 단점을 그대로 받아들인다.

√ 다른 사람들이 말하는 '나'의 모습을 인정한다.

√ 나 자신을 참되게 사랑한다.

♣ 114쪽

6. 예시 답안(그림 생략)

어린 빅터와 아빠에게 또래보다 늦고, 언어 장애도 의심된다고 의사가 말하는 장면.	빅터가 학교에서 바보라고 놀림 받고, 함께 어울리지 못하며 혼자 나뭇가지로 동물 모양을 만드는 장면.
선생님과 친구들이 자신을 믿지 못해도 절대로 포기하지 않겠다고 다짐하는 장면.	빅터가 멋진 청년이 돼 멘사 협회 회장으로서 '자신을 믿으라'고 메시지를 전하는 장면.

♣ 115쪽

7. 예시 답안
　자존감이란 자신을 존중하고 사랑하는 마음이다. 미국의 에인 교수는 키가 131cm밖에 안 되지만, 유명한 전문 의사다. 어려서부터 놀림을 받아도 좌절하지 않고, 모든 일에 적극적으로 임해 선입견을 이

135

기고 꿈을 이뤘다. 나는 평소 잘 웃고, 친구들과 관계가 좋다. 다른 사람들과 있을 때 행복하고, 그들도 나를 인정한다. 가끔 늦잠을 자며 어른들의 충고에 토라지기도 하지만, 게으른 습관을 고치고 충고를 기억해 행동을 바꾼다면 사람들의 선입견도 바뀔 것이다. 있는 그대로의 나를 사랑하고, 앞으로 발전할 나도 더욱 사랑할 것이다.

12. 『15소년 표류기』

♣121쪽

1. 예시 답안

친구들에게 내가 잘하는 태권도를 가르쳐 주고 싶다. 무인도에서 생존하려면 튼튼한 체력이 필요하기 때문이다. 또 정리정돈을 잘하는 특기는 발휘해 동굴 청소와 정리정돈을 책임지겠다. 동굴 근처에 꽃과 나무를 가꾸어 정원을 가꾸어 친구들이 함께 쉴 공간을 만들고 싶다.

2. 예시 답안
- 지도자를 뽑고 규칙을 만들어 생활했다.
- 지리나 동식물, 기상 등을 연구해 생활의 지혜로 삼았다.
- 서로를 믿고 협력했다.

♣122쪽

3. 예시 답안

규칙의 초점	언제 구조될지 모르는 무인도에서 살아남기 위해 필요한 내용과 구조된 뒤의 사회 적응을 위한 내용을 담았다.
추가하고 싶은 규칙과 그 이유	먹을 것이 생기면 언제나 공평하게 나누어 먹는다.
	무인도에서 생존하려면 무엇보다 식량이 중요한데, 공평하게 나누지 않으면 다툼이 생겨 공동체가 붕괴될 수도 있기 때문이다.

4. 예시 답안

대표자를 민주적인 방식으로 선거를 통해 뽑을 경우, 자신이 지지하지 않는 사람이 대표자가 되어도 대표자의 말에 따라야 한다는 약속을 무시했다. 이는 자신의 이기심 때문에 단결을 깨고 공동체를 위험에 빠뜨릴 수 있다는 점에서 문제가 있다. 위험을 극복하려면 공동체 구성원들이 굳게 단결해야 한다. 그런데 민주적으로 뽑힌 대표자를 인정하지 않으면 구성원들 사이에 갈등이 생겨 단결이 깨진다.

♣123쪽

5. 예시 답안

15소년들이 무인도에서 어려움을 극복하며 공동체를 이루어 살려면 모두 협력해야 한다. 그런데 다른 소년들을 위해 궂은일도 마다하지 않고 많은 일을 솔선하는 모코에게 흑인이라는 이유로 자신의 지도자를 뽑는 투표권을 주지 않으면 공동체의 화합을 해치고 무인도에서 생존하는 데 걸림돌로 작용할 것이다.

♣124쪽

6. 예시 답안

악당들이 드니팬을 먼저 공격했다. 드니팬 일행은 총알도 부족하고 인원도 너무 적어 악당들의 상대가 되지 않았다. 악당들에게 잡힌 드니팬은 브리앙 쪽의 상황을 악당들에게 알려 주고 말았다. 악당들은 아이들의 동굴 상황을 자세히 알게 되자 우선 정찰대로 나온 아이들을 몰래 습격했다. 브리앙 쪽 소년들도 어른들을 상대하기에는 인원이 너무 적었다. 결국 섬은 악당들의 손에 넘어갔다. 소년들은 서로 갈라지지 않았다면 악당의 공격을 쉽게 막았을지도 모른다고 후회했지만 이미 소용없는 일이었다.

♣125쪽

7. 예시 답안

학교에서 협동 수업이나 수행 평가를 할 때 협동하면 서로 도움을 주고받으며 함께 성장할 수 있다. 또 상대를 배려하는 태도도 기를 수 있고, 소통하는 과정에서 관계도 좋아진다. 협동은 말 그대로 서로 의견을 모아 더 큰 힘을 발휘하는 것이다. 따라서 협동이나 협력할 때는 친구의 의견을 잘 들어야 한다. 한 사람의 생각보다는 열 사람의 생각이 모였을 때 더 좋은 방법이 나온다. 내가 틀릴 수도 있고, 누구 한 사람의 의견이 무조건 옳다고 할 수 없기 때문에 모든 친구의 생각을 잘 들어야 한다. 그리고 상대방을 존중하고 양보할 줄 알아야 한다. 자신이 어떤 의견을 냈는데 '그건 틀렸어.'라며 무시한다든가 '너는 내가 하는 대로 따라 해.'하고 명령하면 기분이 좋지 않을 것이다.